MIKE DURLACHER | MAIRA SCHRÖER

Gelsenkirchener Geheimnisse

SPANNENDES AUS DEM RUHRGEBIET
MIT KENNERN DER STADTGESCHICHTE

WAZ

Durlacher, Mike; Schröer, Maira
Gelsenkirchener Geheimnisse – Spannendes aus dem Ruhrgebiet
mit Kennern der Stadtgeschichte

WAZ in Kooperation mit:
Bast Medien GmbH, Münsterstr. 35, 88662 Überlingen
(verantwortlich)
1. Auflage 2018
ISBN: 978-3-946581-48-2

Herausgeberin: Eva-Maria Bast
Ressortleitung: Heike Thissen
Bildredaktion: Magdalena Stoll
Lektorat: Lena Bast
Covergestaltung: Jarina Binnig, Cornelia Müller, Melanie Kunze
Layout: Homebase – Kommunikation & Design, Jarina Binnig
Grafik: Maps4News & HERE (Karte)
Satz: Melanie Kunze
Druck: Mohn Media Mohndruck GmbH

Ein Titel aus der preisgekrönten Reihe *Geheimnisse der Heimat*

Inhalt

Vorwort

Wenn ich Sie alleine mit dem Namen einer Stadt überzeugen wollte, sich einmal etwas näher mit ihr zu beschäftigen, würde ich vermutlich nicht „Gelsenkirchen“ erwähnen. Mindestens außerhalb der Grenzen des Ruhrgebiets steht der Name dieser Stadt wahrlich nicht für das, was man sich unter einer pulsierenden Großstadt im Herzen einer Metropolregion mit lebendiger Geschichte, zahlreichen Sehenswürdigkeiten und grüner Natur vorstellt. Gelsenkirchen – für viele Bürgerinnen und Bürger in Deutschland ist das eher der Begriff für einen gescheiterten Strukturwandel, für hohe Arbeitslosigkeit, für einen ausufernden Anteil von Migranten und Zuwanderern sowie für soziale Probleme. Kurzum: eine Stadt, von der Menschen nicht unbedingt träumen, dort zu leben.

Wer so denkt, sieht sich regelmäßig bestätigt. Erst im Frühjahr 2018 bekam die Stadt wieder einen Negativ-Stempel aufgedrückt: Nach einer vom ZDF in Auftrag gegebenen Studie ist Gelsenkirchen die deutsche Stadt mit der geringsten Lebensqualität. Heißt übersetzt: Nirgendwo anders in der gesamten Bundesrepublik Deutschland lebt es sich schlechter als in Gelsenkirchen. Sagt die Studie.

Ich sage etwas anderes. Und ich habe hier ein paar Zeilen Platz, Sie eben nicht nur mit dem Namen zu locken. Gelsenkirchen ist besser als sein Ruf. Viele, die hier leben, wissen das. Die Menschen lieben ihre Stadt – trotz aller Probleme, die es ganz offenkundig gibt. Hier gibt es viel zu sehen, viel zu erleben und viel zu entdecken. Gelsenkirchen hat mit der Schalker Arena eines der modernsten Fußballstadien der Republik. Das Musiktheater im Revier ist nach Meinung der Kritiker das beste Opernhaus ganz Nordrhein-Westfalens. Der Nordsternpark gilt als ein lebendiges Beispiel für einen gelungenen Strukturwandel – von der Zeche zur grünen Oase. Die Möglichkeiten, seine Freizeit zu gestalten, sind schier endlos. Neben zahlreichen Veranstaltungsorten wie dem Consol-Theater, der Emscher-Lippe-Halle und der Kaue, wo sich überall die Größen von Comedy und Kleinkunst die Klinke in die Hand geben, bietet Gelsenkirchen noch eine gut funktionierende Kneipen- und Musikszene. Und wem das alles nicht reicht, auf den warten direkt hinter der Stadtgrenze weitere Angebote im gesamten Ruhrgebiet.

Mit der Aufzählung einiger Höhepunkte dieser Stadt habe ich Ihnen keine Geheimnisse verraten. Das machen die Autoren dieses wunderbaren Buches auf den folgenden Seiten. Sie haben Gelsenkirchen mal aus einer anderen Perspektive unter die Lupe genommen. Sie erzählen Geschichten, die diese Stadt interessanter machen, und lüften Geheimnisse, die selbst gebürtigen Gelsenkirchenern vielleicht verborgen blieben. Bis heute. Denn heute ist der Tag, an dem Sie beginnen, dieses Buch zu lesen. Der Tag, ab dem Sie sich so intensiv mit Gelsenkirchen beschäftigen, wie Sie es zuvor wohl selten oder gar nicht getan haben. Und Sie werden merken: Es lohnt sich.

Erfahren Sie etwas über das Meisterwerk des Architekten Josef Franke, über die religiöse Botschaft an einer städtischen Schule und über U-Boote im Gelsenkirchener Hafen.

Ich wünsche Ihnen viel Vergnügen bei der Lektüre.

Steffen Gaux
Leiter der Lokalredaktion Gelsenkirchen, Westdeutsche Allgemeine Zeitung (WAZ)

Die Autoren

Mike Durlacher, Jahrgang 1989, ist in Rielasingen-Worblingen aufgewachsen, er hat in Konstanz British and American Studies und Geschichte studiert und ein Praktikum im Singener Stadtarchiv absolviert. Nach seinem Abschluss volontiert er seit 2016 bei „Bast Medien GmbH", schreibt und fotografiert für diverse Tageszeitungen. Er arbeitet bereits im zweiten Jahr als Autor für die *Geheimnisse der Heimat*, ist in seiner Freizeit begeisterter Zeichner und Bastler und vergräbt sich gerne in historischer Fachliteratur, vor allem die Frühe Neuzeit hat es ihm angetan. Mike Durlacher lebt in Meersburg am Bodensee.

Maira Schröer, Jahrgang 1983, stammt gebürtig aus Menden im Sauerland. Heute lebt sie mit ihrer Familie in Köln. 2009 hat sie ihr Magisterstudium der *Politikwissenschaften, Mittleren und Neueren Geschichte und Völkerkunde* an der Universität zu Köln abgeschlossen und anschließend zwei Jahre lang bei der Funke Mediengruppe und hier insbesondere bei den beiden Zeitungstiteln *WAZ* und *NRZ* volontiert. Ende 2011 zog es sie nach Stuttgart, wo sie mehr als drei Jahre für verschiedene Publikationen geschrieben hat. Schwerpunktmäßig arbeitete sie in dieser Zeit als freie Mitarbeiterin für die Lokalredaktion der *Stuttgarter Zeitung*. Seit 2015 ist sie zurück in Nordrhein-Westfalen und nach einem Zwischenstopp bei einer Kommunikationsagentur wieder freiberuflich als Redakteurin tätig – unter anderem für die Geheimnis-Reihe.

01

Schalke-Fenster

Heiliger in Fußballschuhen

Wer das Geheimnis von St. Joseph lüften will, muss sich ins Innere der Kirche begeben. Auf den ersten Blick ist allerdings nichts Ungewöhnliches zu erkennen. Hölzerne Sitzbänke in schummrigem Kirchenlicht, Buntglas-Fenster mit den üblichen Heilgenfiguren. Erst bei genauerer Betrachtung fällt auf, dass einer der Heiligen einer besonderen Tätigkeit nachgeht – liegt dort zu Füßen des Heiligen Aloisius doch tatsächlich ein Fußball! Außerdem trägt der Schutzpatron der männlichen Jugend Fußballschuhe und Fußballstutzen!

Pfarrer Ingo Mattauch kennt die Geschichte hinter der Glasmalerei. Doch bevor er sie erzählt, macht er auf ein weiteres Detail aufmerksam. Sowohl die Stutzen als auch der Fußball sind blau-weiß. Wie könnte es auch anders sein, schließlich befindet sich St. Joseph im Stadtteil Schalke. Hier hat der Bundesligist mit den Vereinsfarben Blau und Weiß seine Wurzeln. Das Fenster symbolisiert die enge Verbundenheit der Gemeinde mit der Schalker Fußballjugend. „Es ist weltweit einmalig, dass sich ein Fußballverein in einem Kirchenfenster wiederfindet", sagt Ingo Mattauch. Eine Behauptung, die bislang jedenfalls nicht widerlegt wurde. Im Kirchenfenster gegenüber befindet sich übrigens ein Abbild der Schutzpatronin der weiblichen Jugend. Die Heilige Maria Goretti ist allerdings weit weniger freudvoll dargestellt, was nicht weiter verwundert: Sie symbolisiert Unschuld und Jungfräulichkeit.

Pfarrer Ingo Mattauch hat sich intensiv mit dem Gotteshaus, das in den Jahren 1886 bis 1888 erbaut wurde, und seinen Fenstern beschäftigt. „Im Zweiten Weltkrieg geriet die Kirche in Brand. Das Feuer wurde vermutlich durch einen Bombensplitter ausgelöst, der einen der beiden Türme traf", erzählt der Geistliche. Während des Wiederaufbaus in den 1950er-Jahren sollten auch die zerstörten Fenster ersetzt werden.

Pfarrer Ingo Mattauch erzählt, welche Geschichte sich hinter dem Schalke-Fenster verbirgt.

„Damals war Franz Kohle Pfarrer von St. Joseph", fährt Mattauch fort. Mit dem Entwurf der Kirchenfenster wurde der Gelsenkirchener Mosaikmaler Walter Klocke beauftragt. Wie genau es nun zu der Idee kam, den Heiligen Aloisius mit einem Fußball abzubilden, ist leider nicht bekannt. „Sicher ist aber, dass Franz Kohle genau wie ich bekennender Schalke-Fan war", sagt der Pfarrer schmunzelnd. Damals war die Fluktuation bei den Fußballvereinen noch nicht so groß wie heute. Viele Spieler des FC Schalke 04 lebten mit ihren Familien im Stadtteil. „Franz Kohle war eng mit dem damaligen Schalker-Kapitän Berni Klodt befreundet", erzählt der heutige Pfarrer von St. Joseph. Über diese Verbindungen zwischen dem Verein und der Gemeinde müssen die Fußballsymbole ihren Weg in den Entwurf des Künstlers gefunden haben.

Das Kirchenfenster im rechten Seitenschiff von St. Joseph zeigt den Heiligen Aloisius mit einem Fußball.

Dass das Fenster dann auch tatsächlich so gestaltet wurde, verdankt die Kirchengemeinde einem historischen Ereignis im benachbarten Essen. Dort wurde am 1. Januar 1958 ein neues Bistum gegründet. Im gleichen Jahr gewannen die Königsblauen in Hannover die Deutsche Meisterschaft. „Der Bischof musste die Fenster genehmigen", sagt Ingo Mattauch. Und den bis dato für Gelsenkirchen zuständigen Herren im entfernten Paderborn sei der Fußball spielende Schutzpatron nicht ernst genug gewesen. So wird es laut Mattauch jedenfalls in der Gemeinde erzählt. Doch durch die Bistumsgründung war Paderborn plötzlich nicht mehr zuständig. Vielmehr traf die Entscheidung letztendlich der erste Bischof von Essen, Franz Hengsbach. Er hatte persönliche Beziehungen zur Gemeinde und zum Stadtteil, weil sein Onkel Konrad Hengsbach von 1922 bis 1952 Pfarrer in St. Joseph gewesen war. „Der kleine Franz war als Kind oft hier", erzählt Ingo Mattauch.

Und wer seine Kindheit in Schalke verbringt, ist natürlich auch Fan des FC Schalke 04.

Doch auch wenn das Fenster im rechten Seitenschiff der Kirche etwas ganz Besonderes, möglicherweise sogar Einzigartiges ist, blieb es von vielen Schalke-Fans lange unbeachtet. Selbst für diejenigen, die davon gehört hatten, war es nicht leicht, einen Blick auf die Malerei zu erhaschen. Schließlich befand sie sich außerhalb der Gottesdienste hinter verschlossenen Kirchentüren.

„Es ist weltweit einmalig, dass sich ein Fußballverein in einem Kirchenfenster wiederfindet."

Das änderte Ingo Mattauch, als er im November 2012 Pfarrer der Gemeinde wurde. Er gründete das Projekt *Offene Kirche Schalke.* Seither ist das Gotteshaus an Samstagen und Sonntagen vor Bundesligaheimspielen geöffnet. Die Fans suchen die besinnliche Stille vor dem Trubel im Stadion oder kommen mit den Gemeindemitarbeitern ins Gespräch. Einige denken sich vielleicht auch, dass ein wenig göttlicher Beistand ihrer Mannschaft nicht schaden dürfte. Kirche und Verein sind wieder enger miteinander verbunden, das hätte dem verstorbenen Pfarrer Franz Kohle sicher gefallen.

Maira Schröer

So geht's zum Schalke-Fenster:

St. Joseph steht an der Kreuzung Kurt-Schumacher-Straße / Grillostraße. Das Fenster mit dem Fußball spielenden Schutzpatron befindet sich im rechten Seitenschiff der Kirche.

02

Zwölf Kalksteinblöcke

Ein unvollendetes Meisterwerk

Der Architekt Josef Franke (1876-1944) hat in seinem Leben fast 170 Gebäude entworfen. Die katholische Heilig-Kreuz-Kirche in Gelsenkirchen-Ückendorf gilt als sein Meisterwerk, auch wenn ausgerechnet dieses Bauwerk bis heute unvollendet ist. Gut sichtbar von der Bochumer Straße wurden etwa auf halber Höhe der Kirchenfront zwölf große Blöcke aus Kalkstein ins Mauerwerk eingelassen. „Es gibt einen Entwurf, der zeigt, dass die Steinquader weiter ausgearbeitet werden sollten“, sagt Thomas Franke. Der Enkel des renommierten Architekten hat denselben Beruf ergriffen wie sein Großvater. Er hat den Technologiepark in Dortmund als Projektleiter entwickelt und später das Planungsamt und das Bauordnungsamt der Stadt Essen geleitet. Inzwischen ist er im Ruhestand. Da es sich um exakt zwölf Steinblöcke handelt, liegt die Vermutung nahe, dass sie von einem Bildhauer zu Apostelfiguren weiterbearbeitet werden sollten. Doch das ist nie geschehen.

Die Heilig-Kreuz-Kirche entstand in den Jahren 1927 bis 1929. Ein Zusammenhang zwischen den nicht mehr ausgeführten Arbeiten und dem Ausbruch der Weltwirtschaftskrise im Oktober 1929 ist daher sehr wahrscheinlich. Sicher ist, „dass mein Großvater zwölf Jahre lang auf sein vollständiges Architektenhonorar warten musste“, erzählt der Enkel. Genauso sei es auch den beteiligten Baufirmen ergangen. Dabei hatte den Bauauftrag die größte katholische Kirchengemeinde in Deutschland erteilt, die zu dieser Zeit im von der Zeche Rheinelbe geprägten und dicht besiedelten Arbeiterquartier Gelsenkirchen-Ückendorf zuhause war. Ihr war offensichtlich das Geld ausgegangen. Hierfür gibt es laut Thomas Franke noch einen weiteren Anhaltspunkt: „Der im Entwurf vorgesehene linke Flügelbau der Kirche wurde zunächst nicht realisiert, obwohl die Gemeinde bereits im Besitz des gesamten Grundstücks war.“

Die Heilig-Kreuz-Kirche gilt als das Meisterwerk des Architekten Josef Franke. Dabei ist das Bauwerk bis heute unvollendet.

Dass die Arbeiten an der Heilig-Kreuz-Kirche nicht bis ins letzte Detail vollendet wurden, macht das Bauwerk für Thomas Franke nicht weniger vollkommen. „Von den 32 Kirchen, die mein Großvater geplant hat, ist die Heiligkreuzkirche ohne Zweifel die Gelungenste.“ Gründe gibt es hierfür genug: Da ist zum Beispiel die riesige gemauerte Christusfigur am Kreuz, die auf dem Dach der Kirche steht beziehungsweise auf den beiden Glockentürmen aufliegt. Es ist die imposanteste Arbeit der Gelsenkirchener Bildhauerfamilie Meier. Zu nennen wäre auch die Parabelform, die Josef Franke bei diesem Gebäude so konsequent angewendet hat, dass die Kirche gerne als Beispiel für Parabelberechnungen im Mathematikunterricht herangezogen wird.

Die Heilig-Kreuz-Kirche ist ein beeindruckendes Bauwerk. Thomas Franke hat gerade der Innenraum, ein 19 Meter hohes, parabelförmiges Stahlbetongewölbe, das fast ausschließlich durch Oberlichter im Altarbereich beleuchtet wird, schon immer fasziniert. „Als Kind hatte ich das Gefühl, eine Höhle zu betreten.“ Als Fachmann staunt er heute vor allem über die „enorme handwerkliche Leistung“, die in diesem Bauwerk steckt. Bei dem Eingangsportal handele es sich beispielsweise um einen zurückgesetzten Parabelbogen aus Backsteinen. „So etwas zu mauern, ist unglaublich schwierig“, sagt Thomas Franke. Sein Großvater verlangte es den Handwerkern trotzdem ab.

Thomas Franke ist der Enkel des renommierten Architekten Josef Franke. Er hat denselben Beruf ergriffen wie sein Großvater.

Vermutlich auch, weil er wusste, dass es funktionieren würde. Denn Josef Franke war nicht nur Architekt, sondern auch gelernter Maurergeselle. Im Betrieb des Vaters, einem Bauunternehmer aus Wattenscheid, ging er in die Lehre. Er kannte sich also aus, und zwar nicht nur mit Papier und

Bleistift. „Während der Bauarbeiten konnte es auch schon mal vorkommen, dass mein Großvater selbst aufs Gerüst stieg, die Kelle in die Hand nahm und den Maurern zeigte, wie er sich die Arbeiten vorstellte", erzählt der Enkel.

Mit der Heilig-Kreuz-Kirche hat Josef Franke bewiesen, dass es kaum etwas gibt, das man aus einfachen Backsteinen nicht formen kann. Das Bauwerk wirkt dabei weder pompös noch verspielt, was zu dem Arbeiterviertel auch nicht gepasst hätte. Der Architekt hat ein Meisterwerk geschaffen, das erhalten werden soll, auch wenn die Gläubigen heute nicht mehr in Scharen in die Kirche strömen. „Die Stadt hat das Bauwerk gekauft. Ein multifunktionales Zentrum wird hier entstehen", erzählt Thomas Franke. Konzerte, Kunstausstellungen und andere Events werden in Zukunft in dem Gotteshaus stattfinden.

„Es gibt einen Entwurf, der zeigt, dass die Steinquader weiter ausgearbeitet werden sollten."

Vollendet wird die Arbeit von Josef Franke aber auch im Zuge dieser Bauarbeiten nicht. Die zwölf nicht behauenen Steinquader gehören zur Heilig-Kreuz-Kirche wie die gemauerte Christusfigur oder die Parabelform. Schließlich bieten sie Raum für Phantasie. So kann sich der Betrachter selbst ausmalen, was hier – mit Hammer und Meißel aus dem Kalkstein herausgeschlagen – noch alles hätte entstehen können.

Maira Schröer

So geht's zu den zwölf Kalksteinblöcken:

Die zwölf Kalksteinblöcke, die vermutlich zu Apostelfiguren weiterbearbeitet werden sollten, befinden sich an der Frontfassade der Heilig-Kreuz-Kirche in der Bochumer Straße 113.

03

Emaille-Platten

Der Künstler im Bergwerksschacht

Dieses Kunstwerk ist schon alleine aufgrund seiner Größe beeindruckend. Schließlich ist es nicht nur vier Meter hoch, sondern erstreckt sich auch über eine Länge von 100 Metern. Der Künstler Alfred Schmidt (1930-1997) hat gleich zwei dieser überdimensionalen Gemälde aus emaillierten Tafeln entworfen und damit 1994 die gesamte U-Bahn-Station *Bergwerk Consolidation* im Stadtteil Bismarck in ein riesiges Kunstwerk verwandelt. Was die Schwarz-Weiß-Zeichnungen darstellen, ist wenig überraschend: Sie gewähren dem Betrachter Einblicke ins Innere eines Steinkohlebergwerks.

Wirklich ungewöhnlich ist dagegen die Arbeitsweise des Künstlers. Denn woher wusste Alfred Schmidt so genau, wie es in einer Zeche aussieht? „Er hat 20 Jahre lang unter Tage gemalt", sagt Hildegard Schneiders, die ein Buch mit dem Titel *Kunst über Tage. Bergbaumotive in Gelsenkirchen* schreibt. Damit ihn die Kumpel bedenkenlos im Bergwerksstollen zeichnen lassen konnten, habe der Künstler sogar eine Ausbildung zum Hauer gemacht – eine Berufsbezeichnung für Bergleute, die Bodenschätze und Gestein lösen.

Dabei war Alfred Schmidt nicht etwa der Spross einer alteingesessenen Bergmannsfamilie. Die düstere Welt der Bergwerksschächte entdeckte er erst, als er sie zum Motiv für seine Kunstwerke machte. Bis zu diesem Zeitpunkt arbeitete Alfred Schmidt als Art-Director in einer renommierten Düsseldorfer Werbeagentur. Aus seiner Feder stammt unter anderem das bekannte Logo der Kinderschuhmarke *elefanten*.

In Berührung mit dem Bergbau kam er durch ein befreundetes Fotografenpaar: Bernd und Hilla Becher lichteten alte Industriebrachen ab, darunter auch Fördertürme, und wurden dabei häufig von Alfred Schmidt begleitet. Die Idee, tatsächlich auch unter Tage

In der U-Bahn-Station „Bergwerk Consolidation" ist ein Gesamtkunstwerk entstanden, das dem Betrachter das Gefühl gibt, selbst in einer Zeche zu sein.

zu zeichnen, hatte der Maler und Designer schon länger. Ausgerechnet in luftiger Höhe während einer Ballonfahrt über das Ruhrgebiet bot sich ihm dann die entscheidende Gelegenheit. „In dem Ballon war auch der Bergwerksdirektor der Zeche Auguste Victoria in Marl", erzählt die pensionierte Geschichtslehrerin. Die beiden Männer kamen ins Gespräch und der Bergwerkschef ermöglichte dem Künstler den Zugang zu seiner Zeche.

1974 fuhr Alfred Schmidt das erste Mal ein. Viele weitere Grubenfahrten sollten folgen. Denn als der Maler seine Zeichnungen aus dem Inneren des Bergwerks wenig später bei einer Ausstellung in Bonn zeigte, lernte er Karlheinz Bund, den Vorsitzenden der Ruhrkohle-AG (RAG), kennen. „Er war von den Werken begeistert und erlaubte Alfred Schmidt auch in den Zechen der RAG zu malen", freut sich Hildegard Schneiders. Damit standen dem Künstler beinahe alle Grubenschächte im Ruhrgebiet offen, denn unter dem Dach der RAG hatte sich 1968 der Großteil der kohlefördernden Unternehmen zusammengeschlossen.

Die Buchautorin Hildegard Schneiders hat sich mit dem Künstler beschäftigt, der die Zeichnungen für das U-Bahn-Kunstwerk entworfen hat.

Die Bedingungen unter Tage waren zum Malen natürlich nicht optimal. „Es konnte leicht passieren, dass sein Blatt schmutzig wurde", gibt die Buchautorin zu bedenken. Alfred Schmidt zeichnete deshalb mit dicken Graphitstiften oder Rohrfeder und Tusche. Zur Not griff er auch mal zum Kugelschreiber, um die Kumpel bei ihrer harten Arbeit zu zeigen. Gezeichnet hat der Maler und Designer aber längst nicht nur die schuftenden Bergleute. Er konzentrierte sich in den engen Bergwerksstollen vor allem auch auf technische Details wie Verkabelungen oder Maschinen.

Mehrere Hundert Werke sind so entstanden. Bei den Zeichnungen in der U-Bahn-Station „Bergwerk Consolidation“ handelt es sich tatsächlich um die einzigen Bilder von Alfred Schmidt, die zwar das Innere einer Zeche zeigen, aber nicht direkt unter Tage gezeichnet wurden. Der Grund dafür ist schlicht das gewaltige Ausmaß dieses Kunstwerks. Denn selbst die Skizzen, die als Vorlage für die U-Bahn-Kunst dienten, waren pro Gemälde 50 Meter lang, verrät Buchautorin Schneiders. Dementsprechend schwierig war es auch, einen Emaillierbetrieb zu finden, der die Skizzen des Künstlers auf die Wände der U-Bahn-Halltestelle übertragen konnte. „Eine Firma aus Hannover hat es schließlich hinbekommen“, sagt die gebürtige Gelsenkirchenerin. Drei Jahre dauerte es, bis die Riesenskizze und ihre Emaillierung fertig waren.

Doch auch wenn ausgerechnet diese Zeichnungen des Künstlers nicht in mehreren Hundert Metern Tiefe entstanden sind, so haben sie letztlich doch ihren Weg unter die Erde gefunden: Das Kunstwerk befindet sich schließlich in einem U-Bahn-Schacht. Also an einem Ort, an dem täglich unzählige Menschen vorbeikommen, denen Alfred Schmidt auf diese Weise Einblick in eine Welt ermöglicht, die ansonsten nur Bergleuten vorbehalten ist. Die gesamte U-Bahn-Station ist wie ein richtiger Stollen gestaltet worden mit strebgestützter Decke, abgehängten Rohren und einer Verladestation am Ende. Ein „gelungenes Gesamtkunstwerk“, findet Hildegard Schneiders, mit dem das Stadtbahnbauamt nicht nur dem nahegelegenen Bergwerk „Consolidation“, sondern auch dem Künstler Alfred Schmidt ein Denkmal gesetzt hat.

Maira Schröer

So geht's zu den Emaille-Platten:

Die Stadtbahnstation „Bergwerk Consolidation“ liegt an der Kreuzung Marschallstraße / Kronenstraße ganz in der Nähe der gleichnamigen stillgelegten Zeche.

„Da sitzt einem der Teufel im Nacken“ bekommt hier eine ganz andere Bedeutung.

04

Judas

Monarch mit Zunge im Ohr

Da hockt doch tatsächlich ein kleiner Drache auf der Schulter des Jüngers und steckt ihm seine Zunge ins Ohr. Und zwar so tief, dass sie zum rechten Nasenloch wieder herauskommt!

Das Bild von Engelchen und Teufelchen, die auf der Schulter eines Unentschlossenen sitzen und ihm ins Gewissen reden, ist weit verbreitet. Aber ein Drache als Teufelchen? Das ist ungewöhnlich. Es muss sich bei dem Unentschlossenen also um eine besondere Person handeln. Und in der Tat, derjenige, dem Engel und Drache auf der Schulter sitzen, ist Judas Ischariot, einer der zwölf Jünger Jesu. Er sitzt ganz links am Tisch auf dem Retabel, dem Altarbild der Bleckkirche in Gelsenkirchen-Bismarck. „Der Teufel wird gar nicht so selten als Drache dargestellt“, weiß Pfarrer Thomas Schöps. Auch in der *Offenbarung des Johannes* heißt es: „Er wurde gestürzt, der große Drache, die alte Schlange, die Teufel oder Satan heißt und die ganze Welt verführt.“ Und eben diese Version des Teufels aus der Bibel sitzt Judas, dem Verräter, auf der Schulter und steckt ihm die Zunge in das Ohr.

„Bei dieser Abendmahlsdarstellung handelt es sich um ein sogenanntes Westfälisches Abendmahl“, erklärt Thomas Schöps und weist auf die Unterschiede hin: „Hinlänglich bekannte Abendmahlsdarstellungen haben Fladenbrot oder Brot auf dem Tisch, dazu Wein und Datteln oder Feigen, also typische Speisen aus dem östlichen Mittelmeergebiet und dem Nahen Osten.“ Im Gegensatz dazu findet sich auf dem Retabel in der Bleckkirche zopfartig geflochtenes Weißbrot, sogenannte Stuten. Dazu Butter und sogar die Reste eines Bratens. Messer, Teller, Gläser und Krüge sind weitere Indizien für eine dem Adel der Gegend zuzuordnende Szene. Selbst die Kleidung der Jünger – hochgeschlossene Wamse mit Knöpfen – deuten auf das Westfalen des 16. Jahrhunderts hin. Außerdem sieht es so aus, als hätten die Jünger, die sich um Jesus scharen, Togen über ihrer normalen Kleidung an. Diese entpuppen sich als übergroße Servietten, mit denen die adeligen Herren ihre teure Kleidung zu schützen wussten. „Wenn man genau hinschaut und die Gesichtszüge des Apostels Paulus mit denen des Grabmals des Stifters Heinrich Knipping vergleicht, lässt sich eine frappierende Ähnlichkeit nicht von der Hand weisen“, zeigt Schöps ein weiteres Detail auf, das die biblische Szene im Westfalen des 16. Jahrhunderts verankert. „Die Szene, in der der Teufel dem Judas, erkennbar durch den Beutel mit den 30 Silbermünzen, den Verrat an Jesus einflüstert, verdeutlicht auch einen Umschwung in der Philosophie“, weiß Schöps: Während des Mittelalters galt der Mensch, unter anderem beeinflusst durch den Philosophen Augustinus (354-430), durch die Erbsünde als böse, das eigentliche Böse war die Abwendung von Gott. In der Renaissance änderte sich dies aber. Nach dem Philosophen René Descartes (1596-1650) und seinem berühmten Spruch

Wilhelm wollte zwar gewisse reformatorische Dinge in seinen Gebieten zulassen, der Druck von außen war aber sehr stark.“

„Ich denke, also bin ich" war Denken fortan ein Vorgang in der immateriellen und unsterblichen Seele. Diese wiederum interagiere, so Descartes, mit der Zirbeldrüse im Gehirn. Der in der Gelsenkirchener Darstellung durch den Drachen symbolisierte Teufel beeinflusst die Seele, indem er mit seiner Zunge in das Gehirn eindringt. In der Renaissance wird der Sitz der Individualität sowie der Gedanken und Gefühle auf das Gehirn fokussiert, die seelischen Regungen finden nicht mehr im Herzen statt.

„Aber die Teufelssymbolik ist nicht die einzige, die einem an diesem Judas auffallen kann", weiß der Pfarrer. „Hier ist nämlich ein König verewigt. Und das nicht gerade nett." Bei dem angesprochenen Monarchen handelt es sich um Philipp II. von Spanien (1527-1598), dessen Gesichtszüge Judas trägt. Sie ähneln verdächtig stark einem Kupferstich des spanischen Königs, angefertigt von Niccolo Nelli (1530-1576/1585) im Jahr 1562, also unmittelbar vor der Entstehung des Altarbildes. Was der Erzkatholik Philipp II. getan hat, um auf einem evangelischen Altar abgebildet zu werden, erschließt sich nicht auf den ersten Blick. „Dafür muss man in seine Lebensgeschichte schauen", so Schöps.

„Aber die Teufelssymbolik ist nicht die einzige, die einem an diesem Judas auffallen kann. Hier ist nämlich ein König verewigt. Und das nicht gerade nett."

Philipp II. war ein starker Verfechter der Gegenreformation und versuchte mit allen Mitteln, den Katholizismus in den durch die Reformation protestantisch gewordenen Gebieten wieder einzuführen. So zum Beispiel in den Niederlanden, die Teil der Freigrafschaft Burgund waren und damit zu Spanien gehörten. Im Zuge des politisch und religiös motivierten Kampfes – ein brutaler und gnadenlos geführter Konflikt – der Niederländer gegen die Spanier fielen spanische Truppen mit Feuer und Schwert auch in das niederrheinisch-westfälische Gebiet ein. „Religiöse Toleranz war noch nicht wirklich vorhanden, der Augsburger Religionsfriede sollte erst noch kommen", kommentiert Schöps die Auseinandersetzung. Aber zurück in das Ruhrgebiet und zum Altar: Dieser stand ursprünglich im Schloss Grimberg. Und das gehörte zum Herzogtum Jülich-Kleve-Berg. Mark, in dem das Schloss lag, war nach der Reformation vorwiegend protestantisch geworden. Der Landesherr Wilhelm V. von Jülich-Kleve-Berg (1516-1592) versuchte einen Mittelweg zu gehen. Jülich und Kleve waren hauptsächlich katholisch, Berg hatte einen hohen Anteil an Protestanten. Er selbst war vom katholischen Glauben zum protestantischen übergetreten, musste aber mit dem Vertrag von Venlo vom 7. September 1543 wieder katholisch werden. „Wilhelm wollte zwar gewisse reformatorische Dinge in seinen Gebieten zulassen, der Druck von außen war aber sehr stark“, weiß Thomas Schöps. „Die römisch-gesinnten Räthe bei Hofe wußten die Wünsche des Herzogs in geschickter Weise zu benutzen, um ihn zu strengen Verboten jeder weiteren religiösen Neuerung zu veranlassen“, schreibt Ludwig Keller im ersten Teil des Buches *Die Gegenreformation in Westfalen und am Niederrhein. Actenstücke und Erläuterungen.* Mit „bei Hofe“ ist der kaiserliche Hof Karls V. gemeint. Damit war eine Reformation de facto ausgeschlossen oder kaum mehr durchführbar.

Der Apostel rechts von Jesus ähnelt stark dem Stifter Heinrich Knipping.

Das Gelsenkirchener Gebiet war also nicht nur durch den Streit um Geldern politisch zerrüttet, sondern auch durch Wilhelms Annäherung an den sächsischen Kurfürsten Johann Friedrich I. (1503-1554) und den Schmalkaldischen Bund der protestantischen Fürsten gegen die Katholiken. Wilhelm näherte sich auch den Franzosen an, die die aufständischen Niederländer unterstützten. Er kämpfte gegen die Spanier in den Niederlanden, und obwohl er einen Sieg erfocht, musste er sich wegen der ausbleibenden französischen Unterstützung geschlagen geben und den Vertrag von Venlo unterzeichnen. Das Gebiet des Herzogs war außerdem konfessionell zerrüttet, was sich auch an der Geschichte zeigt, wie der Grimberg-Altar überhaupt in die Bleckkirche gekommen ist (siehe Geheimnis 8).

Thomas Schöps weiß um die vielen Details des Altarbildes.

Kein Wunder also, dass der spanische Monarch, gegen den auch Wilhelm kämpfte, von den Protestanten als Antichrist bezeichnet wurde. Welcher Figur hätte man das Antlitz des spanischen Verfechters der Gegenreformation auf einem evangelischen Altar also passender geben können als Judas Ischariot? Ein weiteres Indiz, das für diese „Majestätsbeleidigung" sprechen könnte, ist die Wahl des Drachen, der nicht die einzige allegorische Darstellungsmöglichkeit für den Teufel ist. Der Drache ist Bestandteil der Helmzier des Wappens von Aragon und verbindet damit die Allegorie auf dem Altar erneut mit Philipp II. von Spanien.

Die Bleckkirche kann also nicht nur mit einer interessanten Entstehungsgeschichte glänzen, sie erzählt durch ihr Retabel im Altar sogar Philosophie-, Regional- und Religionsgeschichte.

Mike Durlacher

So geht's zum Judas:

Der Judas auf dem Grimbergaltar befindet sich in der Bleckkirche gleich gegenüber des Eingangs der ZOOM Erlebniswelt in Bismarck in der Bleckstraße 56.

Ein Teil der Streckenmarkierung auf dem Almaring.

05

Strich

Flotte Kisten in engen Kurven

In einem idyllischen kleinen Wäldchen zieht sich ein breites Asphaltband durch die Natur. „Wenn man sich nicht auskennt und falsch abbiegt, steht man schnell mitten auf einem matschigen Pfad, umgeben von Gestrüpp", erzählt Dr. Daniel Schmidt, Mitarbeiter des Instituts für Stadtgeschichte Gelsenkirchen. Biegen Spaziergänger allerdings richtig ab, finden sie sich auf einer breiten asphaltierten Straße wieder, die durch ein Birkenwäldchen führt, bewuchert mit zahlreichen Sträuchern. Wer der etwa 750 Meter langen Straße folgt, wundert sich: Plötzlich steht man wieder am Start! „Und das ist auch das richtige Wort: Start. Und Ziel, Haarnadelkurve, Motorgeheul", verrät Schmidt und deutet auf eine rote Fahrbahnmarkierung, die kaum sichtbar, auf dem Asphalt quer über die Straße verläuft. Sie kennzeichnete die Start- und Zielgerade.

Denn an dieser Stelle befand sich einst das Motodrom Gelsenkirchen, das eher unter dem Namen *Almaring* bekannt ist.

Gegründet wurde die Rennbahn im Jahr 1969 von dem begeisterten Autonarren Anton Brenner, der zuvor bereits die RAG ins Leben gerufen hatte. Hiermit ist nicht etwa die riesige Ruhrkohle AG, sondern die Rheinländische Altwagen-Gemeinschaft gemeint, die später Rheinländische Autorenn-Gemeinschaft hieß. Zunächst als einfache Schotterpiste angelegt, war der Almaring 750 Meter lang und etwa 7,5 Meter breit, im Gegensatz zu klassischen Speedway-Bahnen allerdings nicht oval, sondern in die Länge gezogen, mit einer Haarnadelkurve, Ziel- und Gegengeraden – der Geraden gegenüber der Zielgeraden. Das machte ihn besonders anspruchsvoll und äußerst beliebt bei Fans des Motorsports. So beliebt, dass jeden zweiten Samstag im Monat zwischen 150 und 200 Teams in acht verschiedenen Klassen an den Start gingen, bestaunt und angefeuert von bis zu 6.000 Zuschauern, die auf Erdwällen rings um die Bahn Platz fanden.

„Die Strecke war sogar so beliebt, dass sich auch außerhalb Deutschlands Amateurrennfahrer für den Almaring begeisterten", weiß Schmidt zu berichten. Belgier und Niederländer zum Beispiel lieferten sich hier mit den deutschen Fahrern heiße Rennen. Gefahren wurde in sogenannten Altwagen, die man vorher ausschlachtete, um Gewicht zu sparen, und dann mit einem Überrollkäfig ausstattete und nach Möglichkeit kräftig frisierte. Bremsen, Renngurte und Stromkreisunterbrecher – das waren die einzigen Voraussetzungen für die Teilnahme. Der Führerschein war optional.

Kaum vorstellbar, dass hier einmal Autorennen stattfanden.

Jeder, der Benzin im Blut hatte, konnte an den Altwagen- und Autospeedway-Rennen teilnehmen. Das wilde Spektakel ist treffend in einem Artikel im Rennsport-

Magazin *Motor 77* nachzulesen: „Autos, Wohnwagen, Trailer, geblümte Klappstühle und Kühlboxen zauberten eine unverwechselbare Idylle. [...] Lautsprecherdurchsagen, Heimorgelunterhaltungsmusik, Schwaden verbrannten Benzins und Gummis in Einheit mit Grillfleisch und Holzkohle, wehende Goodyear-, Michelin- und schwarzweißkarierte Fahnen verliehen diesem Kleinod allwöchentlich an Sams- und Sonntagen einen Hauch von Indianapolis-Flair."

„Und das ist auch das richtige Wort: Start. Und Ziel, Haarnadelkurve, Motorgeheul."

Aber genau dies wurde dem Almaring dann auch zum Verhängnis: die Massen an Rennsportbegeisterten, die zweimal im Monat durch die Sackgasse zogen, die zum Ring führte. „Die Lautsprecher, die dröhnenden Motoren und die Rauchschwaden erweckten den Unwillen der Anwohner in der Almastraße, 1984 musste die Strecke geschlossen werden", erzählt der Archivmitarbeiter vom Ende des Motodroms Gelsenkirchen.

Heute findet sich nur noch der ein oder andere Spaziergänger, Radfahrer oder nostalgische Rennsportfan auf dem alten Kokereigelände Alma ein. Und die machen ja bekanntlich keinen Lärm. Die Rennbahn ist verstummt, die Anwohner haben ihre Ruhe. Nur der rote Strich kündet noch von der fünfzehn Jahre währenden rasanten Vergangenheit dieses nun wieder idyllischen Stücks Natur.

Mike Durlacher

So geht's zum Strich:

Den Strich kann man auf dem Asphalt des Almarings entdecken, der sich auf dem Gelände der ehemaligen Kokerei „Alma" am Ende der Almastraße befindet.

Hildegard Schneiders zeigt auf die Inschrift am Ricarda-Huch-Gymnasium . Hier hat sie 17 Jahre lang als Geschichtslehrerin unterrichtet.

06

Inschrift

Religiöse Botschaft an einer städtischen Schule

In großen Buchstaben geschrieben und prominent neben dem Haupteingang platziert, sind die lateinischen Worte *PAX ET BONUM* an der Fassade des Ricarda-Huch-Gymnasiums zu lesen. „Das ist der Gruß der Franziskaner", weiß Hildegard Schneiders, „er geht auf den heiligen Franziskus von Assisi zurück und bedeutet Frieden und Segen." Doch warum steht der Gruß einer religiösen Ordensgemeinschaft an der Hauswand eines städtischen Gymnasiums? „Die Schule wurde von Nonnen gebaut", erklärt die pensionierte Geschichtslehrerin, die 17 Jahre lang an dieser Schule unterrichtet hat.

Franziskanerinnen aus dem Kloster auf der Rheininsel Nonnenwerth gaben den Bau des Schulgebäudes 1930 in Auftrag. Entworfen wurde das Gymnasium von dem renommierten Architekten Josef Franke (1876-1944), der mehr als 160 Bauwerke geplant hat – die meisten im Ruhrgebiet und viele, genau wie das Ricarda-Huch-Gymnasium, im Stil des Backsteinexpressionismus. Hierzu passt auch die Inschrift, die nicht etwa eingraviert ist, sondern deren hervorstehende Buchstaben als schmale Klinkerriemchen in der Fassade mit eingemauert wurden. „Die Tochter von Josef Franke war Künstlerin“, erklärt Hildegard Schneiders. Von ihr stamme die Skizze für den Gruß der Franziskanerinnen.

Die Ordensschwestern hatten bereits zehn Jahre vor Baubeginn der neuen Schule im Alten Aloisianum an der Husemannstraße ein katholisches Mädchengymnasium gegründet. Doch das Gebäude war zu klein geworden und der Schulneubau deshalb nötig. 1931 konnten die Franziskanerinnen mit ihren Schülerinnen in das neue Gymnasium, das Aloisianum, an der Schultestraße einziehen. „Damals war es das größte und modernste Schulgebäude in Gelsenkirchen“, sagt die Pädagogin im Ruhestand.

Was sich beim Bau vermutlich niemand hätte vorstellen können: Schon sieben Jahre später verkauften die Nonnen das Haus wieder. „Besorgt über die zunehmenden Repressionen gegen diese konfessionelle Schule sahen sich die Nonnen gezwungen, das Schulgebäude und damit ihre Tätigkeit in Gelsenkirchen aufzugeben“, erzählt Hildegard Schneiders. Sie vermutet, dass die Ordensschwestern auf diese Weise den Nationalsozialisten zuvorkommen wollten, die sie ansonsten im Zuge der Gleichschaltungspolitik vermutlich enteignet hätten. „Die Nazis haben den Nonnen das Leben schwergemacht“, sagt die Geschichtskennerin.

Die Inschrift neben der Eingangstür erinnert an die Bauherrinnen dieser Schule: Franziskanerinnen aus dem Kloster Nonnenwerth.

„Nach dem Verkauf wurde die Schule mit dem städtischen Mädchengymnasium zwangsvereinigt und in *Kirdorfschule* umbe-

nannt", erzählt die Lehrerin im Ruhestand. Der zu diesem Zeitpunkt bereits verstorbene Emil Kirdorf (1847-1938) war Generaldirektor der Gelsenkirchener Bergwerks-AG (GBAG) und somit ein wichtiger Industrieller, vor allem war er aber ein glühender Hitler-Anhänger. „Hitler ist nur ein einziges Mal in seinem Leben nach Gelsenkirchen gekommen, und zwar zu Kirdorfs Beerdigung", weiß Hildegard Schneiders.
Kein Wunder also, dass man diesen Namen nach dem Ende des Zweiten Weltkriegs nicht schnell genug wieder loswerden konnte. Das Gymnasium wurde zunächst einfach in *Städtische Oberschule für Mädchen* umbenannt.

1948 entschied man sich dann für den Namen *Ricarda Huch*. „Ricarda Octavia Huch, die von 1864 bis 1947 lebte, war eine deutsche Schriftstellerin und Dichterin, die schon früh und vor allem auch öffentlich Kritik an den Nationalsozialisten geübt hat", erklärt Hildegard Schneiders. Aus Protest trat sie 1933 aus der Preußischen Akademie der Künste aus.
Das Ricarda-Huch-Gymnasium blieb fortan städtisch und kehrte nicht zu seinen katholischen Wurzeln zurück. Seit den 1970er-Jahren ist die Schule kein reines Mädchengymnasium mehr, sondern auch für Jungen geöffnet.

An die Franziskanerinnen vom Kloster Nonnenwerth erinnert laut Hildegard Schneiders heute bis auf die Inschrift an der Eingangstür nichts mehr. Viele Schülerinnen und Schüler wissen deshalb vermutlich gar nicht, wem sie ihr Schulgebäude zu verdanken haben.

Maira Schröer

So geht's zur Inschrift:

Das Ricarda-Huch-Gymnasium steht an der Schultestraße 50. Die Inschrift befindet sich an prominenter Stelle links neben dem Haupteingang.

Der Teich ist genauso alt wie die Grünanlage. Der Bulmker Park wurde im Jahr 1902 angelegt.

07

Teich

Der große Markt der Schleichhandels-AG

An den meisten Tagen ist im Bulmker Park nicht viel los. Nur wenige Spaziergänger sind auf den Wegen rund um den Teich im Zentrum der Grünanlage unterwegs. Auf dem Wasser tummeln sich ein paar Enten. Idylle pur also und gerade deshalb fällt es so schwer, sich vorzustellen, wie es hier im Sommer 1946 zugegangen sein muss.

An die 3.000 Menschen will die *Westfälische Rundschau* an einem Tag im August 1946 im Bulmker Park gezählt haben. An manchen Stellen sei kein Durchkommen mehr gewesen, schreibt der Autor des Artikels. Die Zeitung spricht von einem „phantastischen Jahrmarkt des ökonomischen Wahnsinns". Gemeint ist aber weder ein Volksfest noch eine Kirmes. Daran wäre so kurz nach dem Krieg auch überhaupt nicht zu denken gewesen. In einer Zeit, in der die Menschen im Ruhrgebiet gegen Wohnungsnot, Hunger und Armut kämpften, kamen sie natürlich auch nicht zum Sonnenbaden oder Freizeitsport in die Grünanlage.

Nein, an den Ufern des Teiches wurde um den Preis für begehrte Waren gefeilscht. Im Bulmker Park gab es einen der größten und vor allem auch bekanntesten Schwarzmärkte der Region. Das war übrigens nicht das erste Mal in der Geschichte des Parks, dass die Grünanlage und ihre Wasserfläche im Zusammenhang mit kriminellen Machenschaften Schlagzeilen schrieben. 1909 vermutete man in dem Teich den Kopf eines ermordeten Bergmanns. Er wurde aber später an einem anderen Ort gefunden.

Der Schwarzmarkt machte den Bulmker Park über die Gelsenkirchener Stadtgrenzen hinaus bekannt. „Sogar von auswärts kommen die Kunden gefahren: von Essen, Bochum, Wanne, Recklinghausen und noch weiter weg“, schreibt die Westfälische Rundschau am 29. Mai 1946.

Ein florierendes Geschäft, denn Lebensmittel und viele andere Produkte waren mehr als knapp. Die Verteilung an die Zivilbevölkerung wurde von der britischen Militärregierung mit Hilfe von Bezugsscheinen kontrolliert. Die Rationen waren gering, weshalb die Menschen versuchten, sich illegal Nahrungsmittel zu beschaffen. Sie boten den Bauern ihre noch verbliebenen Wertsachen gegen Kartoffeln, Eier und Gemüse zum Tausch an. Wer es sich leisten konnte, kaufte auf dem teuren Schwarzmarkt ein. „Dort ist alles zu haben, zu phantastisch hohen Preisen ohne Marken und ohne Bezugsschein“, schreibt die *Westfälische Rundschau*.

Welche Waren im Bulmker Park über den Tisch gingen, zeigt eine Auflistung der Polizei, die das *Westdeutsche Volks-Echo* am 16. Juli 1946 unter der Überschrift *Wieder einmal Razzia Bulmker Park* veröffentlichte. Dort heißt es: „Sichergestellt wurden: 7443 RM Bargeld, vier neue elektrische Bügeleisen, eine Anzahl Feuerzeuge, 50 lose Lebensmittelabschnitte, zwei Damenkleider, zwei Damenwesten, mehrere Tüten Eigenheimer (selbst angebauter Tabak, A.d.R.), eine zwei Pfund schwere Wurst, acht Brillen, drei Etuis und ein Krückstock.“

In der Grünanlage wurden aber nicht nur Güter verkauft. Die lokale Presse bezeichnete den Park auch als das Gelsenkirchener

Monte Carlo. „An die 30 Glücksspieltische waren an den Wegen aufgebaut", heißt es in einem Artikel vom 17. August 1946. Zu diesem Zeitpunkt hatte für die von der *Westfälischen Rundschau* als „gewissenlose Kreaturen, Aasgeier der allgemeinen Not" bezeichneten Händler und Lieferanten des Schwarzen Marktes allerdings schon das letzte Stündchen geschlagen – zumindest was ihre Tätigkeit im Bulmker Park betraf.

Nach zahlreichen Razzien und erfolglosen Versuchen, den Schwarzmarkt aufzulösen, griff die Militärregierung schließlich am 14. August 1946 entschieden durch. Im gesamten Stadtgebiet wurde der folgende Hinweis aufgehängt: „Auf Anordnung der Militärregierung gebe ich bekannt: aus ordnungspolizeilichen Gründen ist der unbefugte Aufenthalt im Bulmker Park [...] ab sofort verboten. Zuwiderhandlungen gegen diese Anordnung werden durch das Militärgericht mit Gefängnis oder Geldstrafe geahndet. Gelsenkirchen, den 14. August 1946. Der Chef der Polizei: Sowein."

Wer sich anschließend noch in die Parkanlage wagte, ohne dort nachweislich etwas zu suchen zu haben, wurde von den dort nun ständig patrouillierenden Polizisten festgenommen. Damit war es mit dem großen Freilichtmarkt der *Geschlag*, der Gelsenkirchener Schleichhandels-AG, wie die Eingeweihten den Schwarzmarkt im Bulmker Park nannten, vorbei. Der illegale Warenverkauf lief allerdings auch danach in Gelsenkirchen weiter: Hiermit war erst Schluss, als sich mit der Währungsreform 1948 die Ernährungssituation der Bevölkerung verbesserte und die Schwarzhändler ihre Geschäftsgrundlage verloren.

Maira Schröer

So geht's zum Teich:

Wie der Name verrät, befindet sich die Grünanlage im Stadtteil Bulmke. Der Bulmker Park liegt an der Kreuzung Hohenzollernstraße / Florastraße.

Der Landschaftsarchitekt Matthias Koeth lebt seit 2003 mit seiner Familie in diesem Haus.

08

Hauswand

Ein Wohnhaus wird zum Kunstwerk

Wer die Zeppelinallee entlanggeht, übersieht dieses Haus ganz sicher nicht. Natürlich stehen an der Straße viele interessante Gebäude, darunter zum Beispiel das alte Finanzamt oder das Lyzeum, in dem heute die Gertrud-Bäumer-Realschule untergebracht ist. An der Zeppelinallee, die vom Machensplatz zum Stadtgarten führt, findet man aber vor allem zahlreiche herrschaftliche Stadthäuser und Villen. Doch nur ein einziges Haus ist knallbunt angestrichen.

Die Fassade des Gebäudes mit der Hausnummer 5 besteht aus unterschiedlich großen Rechtecken in leuchtendem Blau, Rot und Gelb. Während sich Laien ein wenig an Astrid Lindgren und die Villa Kunterbunt von Pippi Langstrumpf erinnert fühlen, ahnt der eine oder andere Kunstkenner vielleicht bereits, was es mit dieser Farbwahl und der Geometrie tatsächlich auf sich hat. Die Hauswand erinnert nämlich an die Werke des niederländischen Malers Piet Mondrian (1872-1944). „Das ist einer unserer Lieblingskünstler", sagt Matthias Koeth. Der Landschaftsarchitekt betreibt die Gärtnerei auf dem evangelischen Altstadt-Friedhof und wohnt mit seiner Frau und seinen zwei Töchtern in dem besonderen Haus an der Zeppelinallee.

Sein Lieblingskünstler Piet Mondrian zählt zu den bedeutendsten und einflussreichsten Malern des 20. Jahrhunderts. Mondrian, der am 7. März 1872 im niederländischen Amersfoort geboren wurde, war allerdings zunächst eher als Landschaftsmaler bekannt. Er malte Mühlen, Felder und Flüsse im Stil des Impressionismus, bevor er im Alter von fast 50 Jahren die abstrakte Malerei für sich entdeckte, deren Mitbegründer er schließlich auch wurde. Seine streng geometrischen Gemälde sind unverwechselbar. Sie bestehen aus farbigen Rechtecken, die von schwarzen horizontal und vertikal verlaufenden Linien umrandet sind. Dabei beschränkte sich Mondrian, der 1944 in New York verstarb, stets auf die drei Grundfarben Blau, Rot und Gelb.

Ein echter Hingucker: das farbenfrohe Haus an der Zeppelinallee.

Der Friedhofsgärtner wohnt seit dem Jahr 2003 gemeinsam mit seiner Familie an der Zeppelinallee. Er kommt ins Schwärmen, wenn er von seinem Zuhause erzählt. Schließlich ist das imposante Stadthaus mehr als 100 Jahre alt. Es wurde 1916 gebaut und stammt wie so viele andere Gebäude an der Straße von Josef Franke (1876-1944). Ein Detail gab es allerdings, das Matthias Koeth und seine Frau an ihrem Haus von Anfang an nicht sonderlich hübsch fanden. „Der grau-braune Anstrich gefiel uns nicht", sagt der Landschaftsarchitekt. Deshalb entschied sich das Ehepaar dafür, die Hausfassade ihrem Lieblingskünstler zu widmen. „Das, was wir schön finden, möchten wir auf diese Weise auch nach außen tragen", sagt Matthias Koeth. Eine Idee, an die sich die Nachbarn erst gewöhnen mussten, verrät der Friedhofsgärtner.

Damit der Anstreicher die intensiven Farben der Mondrian-Kunstwerke auch exakt mischte, gab ihm Familie Koeth einige Kopien der Bilder des niederländischen Malers mit. Die für Mondrian typischen Stil-Elemente finden sich aber nicht nur in den Farben der Hauswand wieder. Wer genau hinschaut und sich noch dazu in der Kunstszene auskennt, entdeckt, dass auch die Fenster aus verschieden großen und jeweils unterschiedlich angeordneten Rechtecken zusammengesetzt sind. „Ich habe die Fenster selbst entworfen", sagt Matthias Koeth.

„Das, was wir schön finden, möchten wir auf diese Weise auch nach außen tragen."

Inzwischen ist das kunterbunte Stadthaus nicht mehr nur den Bewohnern der Zeppelinallee ein Begriff. „Es ist eines der am meisten fotografierten Häuser in der Stadt", sagt der gebürtige Gelsenkirchener. Wessen farbenprächtigen Kunstwerken die kunterbunte Hausfassade nachempfunden ist, wissen allerdings laut Matthias Koeth nur die wenigsten.

Maira Schröer

So geht's zur Hauswand:

Die Zeppelinallee führt vom Machensplatz zum Stadtgarten. Die kunterbunte Hauswand gehört zu dem Gebäude mit der Nummer 5.

Hinter der gläsernen Eingangstür erkennt man die ursprünglichen Ziegel.

09

Ziegel

Die zwei Türme der Altstadtkirche

Als die evangelische Altstadtkirche vor einigen Jahren renoviert wurde, haben die Bauarbeiter das alte Mauerwerk im Inneren des Kirchturms freigelegt. Rote Backsteine kamen dabei zum Vorschein, wie man sie an vielen Gebäuden in Gelsenkirchen findet. Doch diese Ziegel haben ein Geheimnis. Auf dem Heinrich-König-Platz in der Innenstadt stehen nämlich drei Kirchtürme, auch wenn nur zwei davon zu sehen sind. Der erste gehört zur katholischen Propsteikirche St. Augustinus, der zweite zur evangelischen Altstadtkirche. „Und der dritte befindet sich, umgeben von dicken Steinmauern, im Inneren des evangelischen Kirchturms. Die Spitze wurde gekappt, ansonsten steht der alte Turm dort komplett drin", weiß Ulrich Fehling. Der ausgebildete Kirchenführer ist Mit-

glied der evangelischen Emmaus-Kirchengemeinde, zu der das Gotteshaus gehört.
„Der Turm war Teil einer Kirche, die hier bis 1954 gestanden hat", sagt er. Dabei handelte es sich ebenfalls um die evangelische Altstadtkirche – allerdings um den Vorgängerbau des Gotteshauses, das heute an dieser Stelle steht.

Die Kirchen beider Konfessionen wurden im Zweiten Weltkrieg von Bomben getroffen. „Man hätte beide wiederaufbauen können", sagt Ulrich Fehling. Im Fall der katholischen Altstadtkirche sei das auch tatsächlich passiert. Der für das 19. Jahrhundert typische neugotische Bau mit dem spitzen Kirchturm und den kleinen Zwischentürmchen steht hier bis heute. Die evangelische Altstadtkirche aus dem Jahr 1884 wurde hingegen bis auf ihren Turm abgerissen.
Stadtplanerische und verkehrstechnische Überlegungen waren laut Ulrich Fehling der Grund dafür. Denn das Schiff der protestantischen Kirche stand zu dieser Zeit mitten auf dem – heutigen – Heinrich-König-Platz und ragte sogar bis in die Ebertstraße hinein. Die Stadt wollte den Platz freibekommen und schlug deshalb vor, die Kirche zu verlegen. „Das wollte die Gemeinde jedoch nicht", erklärt Ulrich Fehling. Deshalb verständigte man sich schließlich auf einen Kompromiss. Die Gemeinde baute ihr neues Gotteshaus zwar am Heinrich-König-Platz, aber das Kirchenschiff wurde im Verhältnis zu seinem Vorgängerbau um 90 Grad gedreht. Damit war der Platz frei und die Gemeinde konnte ihren traditionsreichen Standort im Zentrum der Stadt behalten.

Schon im 11. Jahrhundert hatte hier nämlich ein Gotteshaus gestanden – eine kleine Dorfkirche, die im 15. Jahrhundert erweitert und nach der Reformation zunächst von beiden christlichen Konfessionen genutzt worden war. Im Zuge der Industrialisierung nahm die Gelsenkirchener Bevölkerung jedoch sprunghaft zu. Die mittelalterliche Kirche reichte nicht mehr aus. Sie wurde 1881 abgerissen, und sowohl die Protestanten als auch die Katholiken bauten jeweils eigene Gotteshäuser.

Die evangelische Altstadtkirche, die heute am Heinrich-König-Platz steht, wurde von dem Architekten Denis Boniver (1897-1961) entworfen und in den Jahren 1954 bis 1956 gebaut. Der Turm und das Kirchenschiff bilden keine Einheit, sie sind lediglich durch einen schmalen gläsernen Gang miteinander verbunden. Was dem Betrachter zunächst wie eine architektonische Finesse vorkommt, erklärt sich aus der Geschichte des Bauwerks. Denn während der Kirchturm eben noch an derselben Stelle wie schon 1884 steht, wurde das Kirchenschiff verlegt.

Der Kirchenführer glaubt, dass die Gemeinde ihren alten Turm aber nicht in erster Linie aus Nostalgie erhalten hat. Praktische Gründe waren hierfür wohl eher verantwortlich. „Vermutlich war es einfacher, den alten Turm zu ummanteln als einen komplett neuen zu bauen", sagt er. Auf diese Weise konnte die Gemeinde Baumaterial sparen, das nach dem Krieg ohnehin nicht im Überfluss vorhanden war. Ein neues Fundament wurde beispielsweise nicht benötigt. Neben den Kosten spielte sicher auch die Zeit eine Rolle. „Man wollte schnell in die Kirche einziehen", erklärt Ulrich Fehling. Tatsächlich war der Neubau bereits nach eineinhalb Jahren abgeschlossen.

Wer wissen will, wie der evangelische Kirchturm vor seiner Umhüllung aussah, muss einfach nur in Richtung katholische Propsteikirche blicken. Die beiden Bauwerke stammen nicht nur aus der gleichen Zeit, sie wurden auch im gleichen Stil errichtet. Doch während der eine Turm bis heute gut sichtbar ist, verschwand der andere in den 1950er-Jahren in seinem Versteck.

Maira Schröer

So geht's zu den Ziegeln:

Die Altstadtkirche steht auf dem Heinrich-König-Platz. Im Inneren des Turmes sind die Ziegel des Vorgängerbaus zu sehen.

Der Innenraum der Bleckkirche.

10

Ersatzkirche

Ein Fürst als schlechter Verlierer?

Eigentlich sind Kirchen ja an sorgfältig ausgesuchten Orten angesiedelt, oft prominent auf einer Erhebung oder zentral in der Ortschaft. Die Gründe hierfür sind offensichtlich, waren Gotteshäuser doch früher das Zentrum des sozialen Lebens und prestigeträchtiges Aushängeschild der Gemeinde.

Doch im Fall der Bleckkirche in Gelsenkirchen-Bismarck wurde der Standort auf dem Bleck, einer kleinen Erhebung, die die Durchquerung des Emscherbruchs ermöglichte, vielleicht aus ganz anderen Gründen ausgewählt. Sie könnten etwas damit zu tun haben, dass ihr Erbauer, Johann Hermann Franz Graf von Nesselrode (1671-1751), ein schlechter Verlierer war. „Die Motivation für die Standortwahl ist nicht ganz sicher, doch der Ort war aus verschiedenen Gründen früher alles andere als geeignet", spricht Thomas Schöps, Pfarrer der Bleckkirche, das Thema an. Auch warum die

Kirche errichtet wurde, ist den wenigsten bekannt: Der Sakralbau war durch einen langen konfessionellen Streit bedingt.

1548 heirateten Heinrich von Knipping, der Herr auf Haus Grimberg, und Sibilla von Nesselrode zum Stein und Herten. Am Tag der Hochzeit trat Heinrich vom katholischen zum evangelisch-lutherischen Glauben über. Und aus diesem Grund gestaltete er die Schlosskapelle auf dem Schloss „Haus Grimberg", die sich in der Vorburg befand, zu einer evangelischen um.

1574 erhielt das kleine Gotteshaus im Schloss einen neuen Altar, der ein weiteres Geheimnis birgt. Er wurde später – 1738 – in die als Ersatzkirche errichtete Bleckkirche gebracht (siehe Geheimnis 04). Die Bleckkirche stand zu jener Zeit noch nicht. Dazu brauchte es erst noch einen Erbwechsel im Hause Grimberg: 1666 gelangte der katholische Johann Salentin Wilhelm von Nesselrode durch Heirat an das Schloss. Er konnte es aber erst 1678 nach einem Erbstreit in Besitz nehmen. Von Nesselrode wollte die Schlosskapelle wieder in eine katholische umwandeln, denn es galt seit 1555 „cuius regio, eius religio", also „wessen Gebiet, dessen Religion". Da die Kapelle aber nicht nur von ihm, sondern auch von der umwohnenden evangelischen Bevölkerung zur Abhaltung des Gottesdienstes genutzt wurde, kam es zu erbittertem Streit.

Schließlich war der Entscheid des preußischen Königs Friedrich Wilhelm I. (1688-1740) der letzte Schritt, der am Ende die Bleckkirche hervorbrachte. Der preußische König entschied als Souverän, dass der Graf von Nesselrode auf Schloss Grimberg zwar die Schlosskapelle in eine katholische umgestalten lassen durfte, aber im Gegenzug für seine evangelischen Untertanen eine Kirche zum Ersatz bauen lassen musste, gleich groß wie die Schlosskapelle. Dieser Order kam der Graf nach und errichtete 1735 schließlich die *Capelle am Blecke*. Nun stand sie also, die Bleckkirche.

Johann Hermann Franz Graf von Nesselrode zeigte sich als schlechter Verlierer – darauf lassen einige Umstände schließen: Zum einen ist da der Standort. Es kam immer wieder zu Überschwemmungen, häufig stand die kleine Kirche unter Wasser. Dann die Ausführung des Baus selbst. „Der Graf wollte natürlich nicht viel Geld ausgeben, weil er ja mehr oder weniger gezwungen war,

die Kirche zu bauen", erläutert Schöps. Äußerst schlicht und einfach und wenig liebevoll ließ er sie an der heutigen Stelle errichten. Sogar die Baumeister, Evert Bitter und Heinrich Hilßmann, bezeugten 1735 in einem Protokoll: Die Kirche ist fast wie ein Stall."
Hinzu kam noch, dass die Wiesen um die Bleckkirche im Sommer als Weide genutzt wurden. Die Tiere – vom Schwein über Gänse bis zur Kuh graste hier alles – weideten hier mit allen natürlichen Nebenerscheinungen wie Dung und infernalischem Krach. „Das führte zu unliebsamen Zwischenfällen während des Gottesdienstes, wenn die Tür nicht ordentlich verschlossen war", schildert der Pfarrer die Umstände. „Abgesehen natürlich vom wenig andächtigen Quiecken, Quacken, Grunzen und Muhen."
Im Zuge des Streites musste die Kirche immer wieder ausgebessert werden, und der Graf machte Zugeständnisse: Er ließ 1746 ein neues Pfarrhaus bauen und überließ der kleinen Gemeinde Kircheninventar für die Bleckkirche. Die Lage und der Zustand der Bleckkirche waren aber weiterhin desolat, das Gotteshaus musste immer wieder renoviert werden. Seit 1874 ist es die Gemeindekirche der Braubauerschaft, die seit 1902 Bismarck heißt. 1889 wurde es schließlich in seiner jetzigen Gestalt eingeweiht.

Als Kirche für die Stadt lädt sie alle ein, die an dieser Verbindung interessiert sind, ohne Blick auf Konfession, Kirchenmitgliedschaft oder Religionszugehörigkeit.
So geht es also auch. Hätte Johann Hermann Franz Graf von Nesselrode damals seine Niederlage hingenommen, wie es einem Edelmann gebührt, und die Kirche gleich anständig gebaut, wäre der Gemeinde und dem Grafen viel Ärger erspart geblieben.

Mike Durlacher

So geht's zur Ersatzkirche:

Die Bleckkirche steht gleich gegenüber vom Eingang der ZOOM Erlebniswelt in Bismarck in der Bleckstraße 56.

Das Denkmal erinnert an das Unglück von 1950.

11

Dahlbusch-Denkmal

Die Bombe, die retten kann

Eigentlich bringen Bomben Tod und Verderben. Wer an diese Waffen denkt, dem erscheinen zerstörte Häuser, brennende Städte, Leid und Elend vor dem geistigen Auge. Dass eine Bombe aber auch Leben retten kann, zeigt die Dahlbusch-Bombe. „In den Medien ist sie bekannt geworden durch das Grubenunglück und das Wunder von Lengede", erzählt Stadtführer Stephan Haas. „Dabei kommt die *Dahlbusch-Bombe* eigentlich hier aus dem Ruhrgebiet, und zwar von der Zeche Dahlbusch." Ohne diese Bombe würden die drei Mahnmale auf dem Rotthauser Friedhof an der Hilgenboomstraße für drei weitere Bergmänner stehen, zusätzlich zu den 38 Toten von 1943, den 78 Toten von 1950 und den 42 Toten von 1955. Denn jedes der Denkmale erinnert an eines der großen Gruben-Unglücke in Deutschland.

Diplom-Bergingenieur Au, Bergwerksdirektor Molwitz, Oberbergrat Drochner, dem Maschinenbauführer Bischoff und den Mitarbeitern der Anlernwerkstatt ist es zu verdanken, dass die drei Bergmänner gerettet werden konnten. Unter Hochdruck ersannen sie dieses Gerät, um die drei am 7. Mai 1955 in etwa 860 Metern Tiefe unter Tage Eingeschlossenen zu retten.
Sie sollten vom Blindschacht 8 einen Durchbruch zum Blindschacht 9 zwischen der 10. und 11. Sohle aufhauen, um das Flöz Wilhelm weiter abzubauen. Blindschächte verbinden zwei oder mehrere Sohlen, also Abbauebenen. Blind werden sie deshalb genannt, weil sie nicht, wie die meisten Schächte, an die Erdoberfläche treten und damit auch kein Tageslicht einfällt. Während der Arbeiten kam es plötzlich zu einem Einbruch des Deckengebirges. Weil eine Druckluftleitung gebrochen war, konnten die drei Bergleute Martin Sander, Manfred Arlt, der gerade einmal 18 Jahre alt war, und Heinz Krause nicht über den Förderkorb nach oben entkommen, dieser klemmte fest.
Zunächst versuchten Helfer von oberhalb, also von der 10. Sohle aus in 674 Metern Tiefe, zu den dreien vorzudringen. „Dabei war zu dem Zeitpunkt noch gar nicht klar, ob sie noch am Leben sind", so Haas. Der Versuch von der 10. Sohle aus scheiterte, zu groß war die Gefahr von Steinschlag. Es kam ohnehin schon so viel Gestein herunter, dass es zwei Wochen gedauert hätte, den Weg wieder freizumachen, um weiter zu den Eingeschlossenen vorzudringen.
Also versuchte das Rettungsteam, von der unteren 11. Sohle aus 42 Meter nach oben zu bohren: Die Zeit drängte, konnte doch jederzeit die 1,2 Meter hohe Decke des Flözes Wilhelm nachgeben oder den eingeschlossenen Männern der Sauerstoff ausgehen. Die Rettungskräfte machten sich sofort ans Werk: Eine passende Bohrmaschine fand sich in der Nähe, der benötigte Bohrkopf, 143 Millimeter, wurde eigens aus Hagen angeliefert. Die Mannschaft legte sich ins Zeug, nach nur 6 Stunden und 46 Minuten erreichten sie die Verschütteten. Sie lebten!

„Die erste Hürde war geschafft, Sander, Arlt und Krause konnten mit Sauerstoff und mit Essen und Getränken versorgt werden", schildert Haas diesen ersten Erfolg. Doch wie sollte man die Bergmänner befreien? Schon während der Bohrung und den gesamten Rettungsaktionen, die Au leitete und überwachte, zeichnete sich ab, dass nur die Erweiterung des Bohrlochs ein probates Mittel zur Rettung darstellte.

Gleichzeitig arbeitete Molwitz mit Drochner zusammen an der Konstruktion, die später als Dahlbusch-Bombe bekannt werden sollte. 38,5 Zentimeter im Durchmesser und 2,5 Meter lang bestand die aus zwei Millimeter starkem Blech gefertigte, torpedoförmige Kapsel aus einem Zylinder und jeweils verstärkten Endkappen, an denen sich Ösen zur Befestigung von Seilen befanden. Während Molwitz, Drochner, Bischoff und sein Team pausenlos arbeiteten, tüftelten und schweißten, trieb Au das Bohrloch voran. 40 Zentimeter Durchmesser musste es haben, gerade breit genug, damit die schmale Kapsel in das Loch passte und die kräftigen Bergmänner einzeln aufnehmen konnte.

Die Zeche Dahlbusch besaß aber keine geeignete Ausrüstung, um so ein breites Loch zu bohren. Doch die benachbarten Zechen halfen. So stellte die Zeche General Blumenthal die Bohrmaschine samt erfahrenem Bohrmeister, Führungsstangen kamen von den Zechen Graf Bismarck und Auguste Victoria. Diese legte noch zwei Reserverollmeißel oben drauf. Die Zechen taten das, obwohl sie dafür ihre eigenen Bohrarbeiten für diese Zeit einstellen mussten. Das kleine Loch wurde zunächst auf 27 Zentimeter erweitert, die Kumpel mit Essen und sogar mit Luftmatratzen versorgt. Schließlich wurden im zweiten Durchlauf die erforderlichen 40 Zentimeter erreicht. „Nach etwa 45 Stunden Bohrzeit und insgesamt 125 Stunden Vorbereitung konnten die drei Verschütteten gerettet werden", nennt der Ruhrgebietskenner die Dauer der Rettungsarbeiten. Zunächst bestückte man die Kapsel, die in ihrer Form einer Bombe ähnelte, mit Sandsäcken und testete die Konstruktion und das Bohrloch. Alles lief glatt. Schließlich stieg der Fahrsteiger Wilhelm Kipp, der Leiter der Grubenwehr, in die Dahlbusch-Bombe und begab sich auf die 42 Meter lange Fahrt in das Flöz Wilhelm, wo er ungeduldig erwartet wurde. Er half den drei erschöpften Bergmännern einzeln in die Kapsel , die in der Folge wieder nach oben transportiert wurde – und am 12. Mai um 22 Uhr war es überstanden.

Diese Erfindung, so simpel sie auch erscheinen mag, war eine Höchstleistung: die Bohrtechnik, die Idee, die Umsetzung. Dass die Dahlbusch-Bombe eher mit dem Grubenunglück in Lengede in Verbindung gebracht wird, hängt wohl mit dem viel größeren Medienrummel um diese Rettungsaktion und die ungleich schwierigeren Umstände dort zusammen. Hier brach 1963 ein Klärteich in die Stollen ein, durch Zufall bildete sich eine Blase mit Luft in einem der Stollen, in dem 21 Männer eingeschlossen waren, 11 davon konnten gerettet werden – eben durch die Dahlbusch-Bombe. Hier war das Problem, dass in der Kammer Überdruck herrschte und beim Anbohren die Luft entwichen wäre, das Wasser hätte den Hohlraum gefüllt und die Kumpel wären jämmerlich ertrunken. Aber es gelang.

Die Bombe, die so viele Leben rettete, zuletzt 33 Bergmänner in San José in Chile 2010, kommt also aus Gelsenkirchen. Den Verunglückten von 1943 und 1950 konnte sie noch nicht helfen. Die Denkmäler auf dem Friedhof sind stumme Zeugen der Gefahr unter Tage und des Mutes und eisernen Willens der Rettungsleute, die nichts unversucht ließen, um ihre Kameraden zu retten. Der drei Bergmänner Sander, Arlt und Krause muss an diesen Denkmalen nicht gedacht werden, Gott sei Dank.

Mike Durlacher

So geht's zum Dahlbusch-Denkmal:

Das Dahlbusch-Denkmal von 1950 steht zusammen mit den beiden anderen auf dem Rotthauser Friedhof an der Hilgenboomstraße.

Ein markantes Bauwerk: Die Trauerhalle auf dem Westfriedhof wurde von David Schuster entworfen.

12

Kuppel

Münchner Architektur mitten in Heßler

Die Trauerhalle auf dem Westfriedhof im Stadtteil Heßler ist ein markanter Bau, der vor allem durch seine achteckige Kuppel auffällt. „So etwas gibt es kein zweites Mal in Gelsenkirchen“, erklärt Lothar Ullrich, der als ehemaliger Abteilungsleiter Stadtbildpflege bei Gelsendienste auch für die städtischen Friedhöfe zuständig war. „Die Trauerhalle hat mich schon immer fasziniert“, sagt er.

Ullrich fand heraus, dass die Trauerhalle von Regierungs-Baumeister David Schuster (1878-1968) entworfen wurde. Schuster hat sich bei dem Entwurf anscheinend von einem anderen Bauwerk inspirieren lassen. Dieses steht zwar ebenfalls auf einem Friedhof, aber nicht etwa in Gelsenkirchen oder einer anderen Stadt im Ruhrgebiet, sondern im weit entfernten München. „Die Ähnlichkeit mit der Trauerhalle auf dem dortigen Nordfriedhof ist verblüffend.

Auch hier findet man die achteckige Kuppel“, sagt Lothar Ullrich. Schuster aber ist nicht für das Münchner Bauwerk verantwortlich, sondern der Stadtbaurat Hans Grässel (1860-1939), der die Trauerhalle in München-Schwabing entwarf.

Ob sich die Herren persönlich begegnet sind, weiß Lothar Ullrich nicht. Möglich ist es aber, denn Schuster schloss 1903 sein Studium in München ab. Auch Hans Grässel hatte hier studiert, allerdings etwas früher. Obwohl Schuster nach Gelsenkirchen ging, blieb er München doch verbunden, verstarb dort 1968.

Lothar Ullrich vor der Trauerhalle.

Keinen Zweifel gibt es laut Lothar Ullrich daran, wer hier von wem abgeschaut hat. „David Schuster muss die Trauerhalle auf dem Nordfriedhof in München gekannt haben“, ist er sich sicher. Der Nordfriedhof wurde bereits 1899 eröffnet, 13 Jahre vor dem Bau in Gelsenkirchen. Architektonisch kann es die Gelsenkirchener Trauerhalle locker mit dem Münchener Vorbild aufnehmen, die gleiche Berühmtheit erlangte sie aber nicht. „Die Trauerhalle auf dem Nordfriedhof in München wird von Thomas Mann in seiner Novelle *Der Tod in Venedig* erwähnt“, sagt Ullrich.

Dabei gäbe es auch über den Westfriedhof in Heßler so manche spannende Geschichte zu erzählen. Schließlich ist hier laut Lothar Ullrich beispielsweise der erste englische Kriegstote aus dem Ersten Weltkrieg begraben: Kein Soldat, sondern ein einfacher Lehrer, der auf der Heimreise nach England im Zug mit einem deutschen Offizier aneinandergeriet und dabei sein Leben ließ.

Maira Schröer

So geht's zur Kuppel:

Der Haupteingang des Westfriedhofs befindet sich am Ende der Grimmstraße. Von dort aus kann man die Trauerhalle bereits sehen.

Hildgard Schneiders vor der Gruft der Familie Bischoff: Für die pensionierte Lehrerin ist es das schönste Grabmal.

13

Gruft

Einer der reichsten Männer Gelsenkirchens

Kohle wird nicht umsonst schwarzes Gold genannt. Zu Beginn des 20. Jahrhunderts boomten die Zechen im Ruhrgebiet, die Stahlindustrie verlangte – auch bedingt durch die Aufrüstung vor dem Ersten Weltkrieg – nach mehr Brennmaterial für ihre Hochöfen. Die begehrte Steinkohle machte aber nicht nur die Zechenbesitzer reich, sondern auch viele andere. Das zeigt das Beispiel von Ernst Bischoff (1874-1933), den Hildegard Schneiders einen der reichsten Männer von Gelsenkirchen nennt. „Bischoff war der größte Grubenpferdverleiher im Ruhrgebiet. Ihm gehörten 13.000 Pferde", erzählt die pensionierte Lehrerin, die sich intensiv mit der Geschichte der Familie Bischoff beschäftigt hat. Deren Gruft befindet sich auf dem katholischen Altstadtfriedhof, über den sie für die Reihe *Gelsenkirchen in alter und neuer Zeit* des Heimatbundes Gelsenkirchen ein Heft geschrieben hat.

Für Hildegard Schneiders ist es das schönste Grabmal auf dem Altstadtfriedhof. Es handelt sich um eine Galvano-Bronze-Skulptur, die überlebensgroß drei Personen darstellt: einen Mann, der sich zu zwei Kindern herabbeugt. „Es soll Christus, der göttliche Kinderfreund, sein", erklärt die Pädagogin im Ruhestand. Sie vermutet, dass Ernst Bischoff sich für dieses Motiv entschieden hat, weil der erste Leichnam, der 1914 in der großen Familiengruft bestattet wurde, der seiner damals erst fünf Jahre alten, an Diphtherie verstorbenen Tochter Marga war. Die Skulptur stammt laut Hildegard Schneiders vom Düsseldorfer Künstler Joseph Hammerschmidt (1873-1926). Dieser war ein renommierter Bildhauer, der für private und öffentliche Auftraggeber zahlreiche Grabmäler, Brunnen, Kriegerdenkmäler und Büsten in der Region geschaffen hat. Neben Bischoffs Tochter Marga wurden hier noch drei weitere Menschen begraben: Seine Frau Elisabeth, seine jüngste Tochter Doris und er selbst.

Bischoff verdiente sein Geld zwar mit dem Verleihen von Grubenpferden, seine große Leidenschaft galt aber dem Pferdesport. „An der heutigen Ebertstraße, direkt neben dem später erbauten Hans-Sachs-Haus, stand seine Villa mit Pferdeställen und Reitbahn", erzählt die gebürtige Gelsenkirchenerin. In Hubbelrath, heute ein Stadtteil von Düsseldorf, betrieb er außerdem ein großes Vollblutgestüt für Turnierpferde. „1905 kaufte er einen englischen Hengst für den sensationellen Preis von 15.000 Pfund", sagt sie. Eine für die damalige Zeit beeindruckende Summe, die zeigt, welchen Wohlstand Ernst Bischoff als Zulieferer der Steinkohlebergwerke erlangt hatte.

Die Grubenpferde wurden zum Transport von Kohle, Gestein und anderen Materialien eingesetzt. Sie zogen Züge mit bis zu acht Förderwagen, von denen jeder 0,84 Tonnen schwer sein konnte. Die Tiere blieben meist mehrere Jahre lang unter Tage, wo sich auch ihre Ställe befanden. „Die Arbeitszeiten der Zechenpferde wurden vertraglich festgelegt", weiß Hildegard Schneiders. Im Normalfall arbeitete jedes Pferd eine Schicht pro Tag und maximal 27 Schichten pro Monat. Der Verleiher verpflichtete sich, so viele Pferde zu stellen, wie die Zeche im Normalbetrieb benötigte. 1885 waren auf der Zeche Dahlbusch laut Schneiders beispielsweise rund 100 Grubenpferde im Einsatz. Die Firma von Ernst Bischoff stellte die Tiere, lieferte Futter, Geschirre, Decken und Medikamente. Für die Entlohnung der Stallmeister, Pferdeführer, Stall-, Futter- und Fuhrknechte war die Zeche zuständig, die auch Zugketten, Hufbeschlag, Fahrzeuge, Stallungen, Beleuchtung, Stallmeisterwohnung, Streu und Wasser bezahlte.

Dass man mit dem Verleih von Pferden Geld verdienen konnte, hatte schon Ernst Bischoffs Vater Wilhelm Bischoff (1847-1899) erkannt. „Er wurde im Volksmund *Pferdebischoff* genannt", erzählt Hildegard Schneiders. Sein Transportunternehmen stellte die Pferde für die Postkutschen in Gelsenkirchen. Sein Sohn sattelte auf Grubenpferde für den Steinkohlebergbau um, auch weil die Postkutschen im Zuge der Motorisierung immer häufiger durch Autos ersetzt wurden.

Bereits 1933 verstorben, erlebte Ernst Bischoff den Niedergang des Ruhrkohlebergbaus natürlich nicht mehr mit. Vermutlich hätte ihn die Kohlekrise aber auch ansonsten nicht besonders hart getroffen. Der Pferdeverleiher sah sich nämlich bereits in den 1920er-Jahren nach neuen Geschäftsfeldern um, da seine Grubenpferde zunehmend gegen Untertageloks ausgetauscht wurden. Schließlich stieg er in die Firma Theodor Pfingstmann mit ein, die er 1930 übernahm. Auch wenn ihn die Tiere reich gemacht hatten, setzte Ernst Bischoff schlussendlich also nicht mehr auf's Pferd, weder auf's richtige, noch auf's falsche.

Maira Schröer

So geht's zur Gruft:

Die Gruft der Familie Bischoff befindet sich auf dem katholischen Altstadtfriedhof neben der Trauerhalle.

14

Farbleitsystem

Wo sich Nützliches mit Schönem verbindet

In dem Comic-Film *Asterix erobert Rom* sollen die beiden gallischen Helden Asterix und Obelix den Passierschein A38 organisieren. Hätte die Präfektur ein Farbleitsystem gehabt, wie das Hans-Sachs-Haus eines hatte, wären die beiden Comicfiguren bestimmt nicht verrückt geworden und hätten sich viel besser in dem römischen Verwaltungsgebäude zurechtgefunden. „Die Orientierungshilfe im Hans-Sachs-Haus hat sicher vielen geholfen", bestätigt der Gelsenkirchener Oberbürgermeister Frank Baranowski schmunzelnd und ergänzt: „das Farbleitsystem war das erste weltweit. Auch das zeigte, dass hier in den 1920er Jahren etwas radikales Neues entstand."

Ausgedacht hat sich das System der Künstler Max Burchartz (1887-1961). Zusammen mit dem Architekten Alfred Fischer (1881-1950) implementierte Burchartz den Farbcode im gerade neu errichteten Hans-Sachs-Haus. Geplant war dieses eigentlich als multifunktionales Bürogebäude. Doch schon relativ kurz nach der Fertigstellung 1927 zogen große Teile der Stadtverwaltung hierher.

Das Farbleitsystem selbst basierte auf den Farben Rot, Blau, Gelb, Grün und wieder Rot. Im Erdgeschoss sollten die Ladengeschäfte den farblichen Akzent bilden. Dadurch, dass alle Ämter, die sich zum Beispiel auf dem blauen Stockwerk befanden, auch auf Plänen, Tafeln und Schildern blau aufgeführt waren, konnten sie leichter gefunden werden, ganz ohne verwirrende Angaben.

Das Hans-Sachs-Haus wurde im Zweiten Weltkrieg zum Teil von Bomben beschädigt und in den 1950er-Jahren wiederaufgebaut und erweitert. Durch zahlreiche Umbauten und Renovierungen in der Folge ging das Farbleitsystem verloren. Erst in den 1990er-Jahren wurde es in Teilbereichen des Hauses

Mit dem Farbleitsystem finden die Bürger gleich zu Oberbürgermeister Frank Baranowski.

rekonstruiert. Ab 2001 wurde das Gebäude mit erheblichen Problemen und Verzögerungen schließlich entkernt, und es entstand in den historischen Fassaden ein modernes Haus für Politik, Verwaltung und Bürgerinnen und Bürger. In das komplett entkernte und neu gestaltete Gebäude nahm der Architekt Volkwin Marg die Farben wieder auf, wenn auch nur gestalterisch und nicht mehr in ihrer Funktion als Orientierungshilfe. Immerhin: „Die Etagenübersichten bei den Glastüren und die Bürobeschilderung tragen die Farben für das jeweilige Stockwerk, auch in den beiden historischen Treppenhäusern sind die Farben zu finden", beschreibt der Oberbürgermeister die Orte, an denen man sie heute wieder finden kann.

„Doch schon relativ kurz nach der Fertigstellung 1927 zogen große Teile der Stadtverwaltung hierher."

Die Gelsenkirchener Bürgerschaft muss also nicht – wie im Asterix-Film – plan- und ziellos durch das Gebäude irren, um zu den Stellen zu kommen, an denen ihr geholfen werden kann. Etwas Unterstützung bekommt sie durch die Anlehnung an das alte Farbleitsystem. Nach der Sanierung ist das Hans-Sachs-Haus auch mit der reduzierten Orientierungshilfe übersichtlich und einladend. Und obendrein gibt`s im Rathaus jede Menge Hinweisschilder.

Mike Durlacher

So geht's zum Farbleitsystem:

Das Farbleitsystem findet sich in den zwei rekonstruierten Treppenhäusern und bei den Etagenübersichten im Hans-Sachs-Haus in der Ebertstraße 11.

Dr. Christine Walther vor dem früheren Metzgereibetrieb: Die Leiterin des Vereinsarchivs hat sich auch mit der jüdischen Vergangenheit des FC Schalke 04 auseinandergesetzt.

15

Schaufenster

Das jüdische Schicksal eines Schalkers

Treue Fußballfans gibt es natürlich überall. Und doch klingen die Geschichten, die Dr. Christine Walther über den jüdischen Metzgermeister Leo Sauer (1883-1945) zu erzählen hat, schon sehr besonders. „Er war ein ganz verrückter Schalker", sagt die Leiterin des Vereinsarchivs des FC Schalke 04 und ergänzt: „Heute würde man wohl von einem Sponsor im besten Sinne sprechen." Um zu verhindern, dass der Schalker Spieler Ernst Kuzorra 1927 ein lukratives Angebot von einem anderen Fußballverein annahm, bezahlte Leo Sauer ihm beispielsweise den Führerschein und stellte ihn als Fahrer in seiner Metzgerei an.

Das Geschäft befand sich an der Schalker Straße 184. Das große Auslagenfenster ist noch vorhanden, ansonsten erinnert an dem Gebäude, das bis heute im Stadtteil steht, nichts mehr an die Metzgerei. Wo früher der Duft von frischer Wurst und deftigem Fleisch in der Luft lag, werden heute Transporte geplant und gebrauchte Küchen verkauft. Ein Umzugsunternehmen hat hier seinen Sitz.

Leo Sauer hatte die Metzgerei 1919 eröffnet. Er machte sich einen Namen als „der billigste Metzger der Stadt“, erzählt die Archivarin. Der Laden lief gut, der jüdische Metzgermeister beschäftigte 75 Angestellte. Zum Betrieb gehörten eine Wurstküche, Salz- und Pökelräume sowie ein Gastraum. „Der Vereinsvorstand des FC Schalke 04 traf sich hier in den 1920er-Jahren regelmäßig zum Essen“, weiß Christine Walther.

„Heute würde man wohl von einem Sponsor im besten Sinne sprechen.“

Doch die guten Beziehungen zum Verein schützten Leo Sauer nicht, als die Nationalsozialisten am 1. April 1933 zum Boykott jüdischer Geschäfte aufriefen. „Der Verein hat nichts getan. Es gibt keine Berichte, dass sich jemand nach der Machtübernahme der Nationalsozialisten schützend vor den Metzgermeister gestellt hat“, stellt die Leiterin des Vereinsarchivs klar. Und das sei nicht nur im Fall von Leo Sauer so gewesen. Beim FC Schalke 04 gab es damals mehrere jüdische Unterstützer, außerdem spielten für den Verein zwei jüdische Fußballspieler.

Der Judenhass griff auch in Gelsenkirchen immer stärker um sich, und mit der viel beschworenen Solidarität unter den Fußball-Fans war es bald vorbei. 1934, als die Königsblauen zum ersten Mal die Deutsche Meisterschaft gewannen, gehörte Leo Sauer noch dazu. „Er hat ein Schwein in den Vereinsfarben blau und weiß angestrichen und damit den Triumphzug durch die Schalker Straßen angeführt“, sagt Christine Walther. Nur ein Jahr später, 1935, schloss der Verein den begeisterten Schalker wegen seines jüdischen Glaubens aus. Die Nationalsozialisten hatten mit dem *Arier-Paragraphen* hierfür die Grundlage geschaffen. Diese menschenverachtende Bestimmung sorgte unter anderem dafür, dass Juden aus Vereinen, Verbänden und Parteien und schließlich aus dem gesamten öffentlichen Leben ausgegrenzt wurden.

Die Nazi-Diktatur erließ immer neue Gesetzte, um die jüdische Bevölkerung zunächst vor allem sozial und wirtschaftlich zu diskriminieren. Als Folge dieser Politik konnte Leo Sauer seinen finanziellen Verpflichtungen schließlich nicht mehr nachkommen. „1936 musste er sein Geschäft zwangsversteigern", sagt die Archivarin. Die Familie verlor aber nicht nur die Metzgerei, sondern auch ihre Wohnung, die sich in demselben Haus an der Schalker Straße befand. An seinem Ladenlokal hinterließ der Metzgermeister die Botschaft „Wir sind auf Reisen", erzählt die Leiterin des Vereinsarchivs. Doch nur die Tochter Lieselotte wanderte tatsächlich gemeinsam mit ihrem Ehemann nach Kenia aus. Leo Sauer blieb mit seiner Frau und seinem Sohn in der Stadt. Sie kamen in einem Haus an der Liboriusstraße unter. „Die Nazis haben das Gebäude später zu einem Judenhaus gemacht", erklärt Christine Walther. Also zu einem Haus, in das jüdische Mieter zwangsweise einziehen mussten, damit das Nazi-Regime sie besser kontrollieren konnte.

Am 27. Januar 1942 deportierten die Nationalsozialisten Leo Sauer gemeinsam mit seiner Frau und seinem Sohn zunächst in ein Ghetto in Riga. Von hier aus führte ihr Leidensweg in das Konzentrationslager Kaiserwald und weiter in das Konzentrationslager Stutthof. „Dort ermordeten die Nazis Leo Sauers Frau Auguste", berichtet die Leiterin des Vereinsarchivs. Für den Metzgermeister folgte noch eine weitere grausame Station: das Arbeitslager Rieben in Pommern. Während dem Sohn, der in ein anderes Lager gebracht worden war, schließlich die Flucht gelang, starb Leo Sauer in Gefangenschaft nur wenige Tage bevor das Arbeitslager Anfang März 1945 von der Roten Armee befreit wurde.

Maira Schröer

So geht's zum Schaufenster:

Das Ladenlokal, in dem Leo Sauer 1919 seine Metzgerei eröffnete, befindet sich an der Schalker Straße 184, ganz in der Nähe des Schalker Marktes.

Kaum jemand kennt das Schloss so gut wie Wolf-Rüdiger Hoffmann. Er weiß auch, was es mit diesen halbrunden Bögen auf sich hat.

16

Mauerbogen

Prachtbau auf schlechtem Fundament

Wenn schon neu bauen, dann richtig. Das dachte sich wohl Rutger von der Horst (1519-1582), nachdem seine Burg im Frühjahr 1554 niedergebrannt war. Die Ursache für das Feuer ist nicht bekannt. Sicher ist aber, dass sich der Adelige dagegen entschied, die mittelalterliche Burganlage wiederaufzubauen. Vielleicht lag es an der Hochzeit mit der wohlhabenden Anna von Palandt (ca. 1512-1585) oder an seiner erfolgreichen Karriere, die sich schon damals abzeichnete. Rutger von der Horst wurde später Statthalter des Vest Recklinghausen. Was auch immer der Grund gewesen sein mag, jedenfalls ließ der Ministerialadelige an derselben Stelle, an der ursprünglich die Stammburg der Familie gestanden hatte, neu- statt wiederaufbauen: Das Schloss Horst wurde in rund 20 Jahren Bauzeit errichtet. Und dabei gönnte sich der Bauherr auch einen besonderen Luxus, von dem heute noch drei halbkreisförmige – inzwischen verschlossene – Öffnungen in den Außenmauern des Schlosses künden.

Wolf-Rüdiger Hoffmann, der Vorsitzende des Fördervereins Schloß Horst weiß, was es damit auf sich hat: „Das Schloss hatte 16 Toiletten." Das unterschied es vom früheren Zuhause der Adelsfamilie, in dem es wie in den meisten mittelalterlichen Burgen vermutlich nur ein oder zwei Aborte gab. Eine deutliche Verbesserung also, auch wenn man sich unter den Toiletten im Mitte der 1570er-Jahre fertiggestellten Schloss keine Keramik-WCs im heutigen Sinne vorstellen darf. Es handelte sich um einfache Donnerbalken, Holzbretter mit einem Loch in der Mitte. Das Abwasser floss von dort in den Keller, wo jede Toilette ihren eigenen Kloakenschacht hatte.

„Das Schloss hatte 16 Toiletten."

Woher Wolf-Rüdiger Hoffmann das weiß? Der Bauherr hat zwei handschriftlich verfasste Bautagebücher hinterlassen. Und dann brachten ihn eben die halbrunden Umrisse an den Außenmauern des Schlosses auf die Spur. „Dahinter befanden sich die Sammelgruben für das Abwasser", erklärt der Vorsitzende des Fördervereins. Das Abwasser floss einfach aus der gut einen Meter breiten Maueröffnung heraus. Auf der anderen Seite befand sich damals aber nicht wie heute eine Wiese, sondern ein tiefer Wassergraben, in dem die Fäkalien verschwanden.

„Schloss Horst war ursprünglich ein Wasserschloss", sagt Wolf-Rüdiger Hoffmann. Was für die Abwasserentsorgung natürlich praktisch war, wurde dem Renaissancebau ansonsten zum Verhängnis. „Normalerweise hat man solche Schlösser auf Eichenpfähle gestellt, die in die Erde eingelassen wurden." Doch Schloss Horst steht auf einem Sandsteinfundament. Und zwar aus einem einfachen Grund, wie der Vorsitzende des Fördervereins erklärt: „Ruhrsandstein konnte damals kostengünstig von der Ruhr hierher gebracht werden."

Doch damit hatte Rutger von der Horst an der falschen Stelle gespart. Der Boden war hier ohnehin feucht, da ein Seitenarm der Emscher die Gräftenanlage, den Wassergraben des Schlosses, speiste. Dieses Wasser aus dem Schlossgraben setzte dem auch sonst nicht sehr stabilen Sandstein im Laufe der Jahre immer mehr zu. „Das Schloss geriet in Schieflage und 1829 stürzte der erste Turm ein", sagt Wolf-Rüdiger Hoffmann. Ein Schicksal, das noch zwei weitere Türme des Schlosses treffen sollte, bevor der letzte Turm aus Sicherheitsgründen abgetragen wurde. Von der einstigen Pracht des Renaissancebaus war bald nicht mehr viel übrig, dem Schloss, das 1706 in den Besitz der Familie Fürstenberg übergegangen war, drohte der Abriss.

Das wollten viele Horster Bürger verhindern, als sie 1985 den Förderverein gründeten. Und sie hatten Erfolg. Die Stadt Gelsenkirchen kaufte das Schloss 1988 und ließ es sanieren. „Mit circa 500 Kubikmetern Beton haben die Ingenieure das Absacken des Fundaments schließlich zum Stillstand gebracht", sagt der Vorsitzende des Fördervereins. Von den ursprünglichen vier Türmen wurde aber nur einer vollständig wiederaufgebaut. Die drei anderen sind als Stümpfe erhalten.

Heute gilt Schloss Horst als der wichtigste Renaissancebau im Ruhrgebiet. Ein Alleinstellungsmerkmal, über das sich der Bauherr sicher gefreut hätte. Zumal Rutger von der Horst vermutlich nie erfahren hat, welchen Schaden er dem Schloss durch das Sandsteinfundament zugefügt hat. Der Adelige hat nur wenige Jahre in seinem Wasserschloss gelebt, bevor er am 10. März 1582 verstarb.

Maira Schröer

So geht's zum Mauerbogen:

Das ehemalige Wasserschloss liegt an der Turfstraße 21. Beim Rundgang um das Gebäude entdeckt man die halbkreisförmigen Ausgänge der früheren Kloakenschächte.

Als Geograf kann Michael Godau besonders gut erklären, warum der Schiefer in seiner Hand und zu seinen Füßen rot und nicht grau ist.

17

Roter Boden

Gebackenes Gestein

Rotes Gestein kennt der Reisefreudige oder Bodenkundler zur Genüge. Seien es die schönen Felsen und das Dörfchen Roussillon in Südfrankreich, Uluru oder Ayers Rock im australischen Outback oder die Klippen auf Helgoland. Auch Gelsenkirchen besitzt rotes Gestein, weshalb Westfalen im Mittelalter sogar als „rothe Erde" bezeichnet wurde. Aber warum sich gerade auf der Halde *Rheinelbe* rote Erde befindet, verwundert. Sie fällt dem Betrachter besonders auf, wenn er den Spiralberg erklimmt und das vorwiegend schwarz-graue Schüttgut sieht, das den eigentlichen Kern der Halde ausmacht. „Dass der obere Teil der Halde vom Grün freigehalten wird, hat übrigens einen künstlerischen Grund", weiß Michael Godau, Autor, Geograf und gebürtiger Bismarcker, „es soll an die Herkunft der Erhebung aus dem Steinkohleabbau erinnern." Das rote Material ist Schiefer, der hier „gebacken“ wurde und dadurch seine rote Farbe erhielt. Es brannte also dort, wo heute Erholungssuchende spazierengehen. Wie es dazu kam? Darauf kann der Geograf eine Antwort geben.

Es handelte sich um „mangelnde Technik und physikalische Prozesse“, klärt Godau auf. Die Halde entstand durch den Abraum der Zeche Rheinelbe. Nach dem Trennen des tauben, also nutzlosen Gesteins von der wertvollen Kohle durch die Kohlenwäsche wurde dieses Geröll auf der Halde aufgeschüttet. Bei der Kohlenwäsche trennt sich die leichtere Kohle vom schwereren Gestein und schwimmt oben auf. Diese Technik war allerdings nicht perfekt und führte dazu, dass einige Kohle mit auf die Halde kam. Mancherorts bestand die Halde sogar noch zu 20 Prozent aus Kohle.

Das sollte ja zunächst einmal kein Problem sein, solange sich niemand mit einem brennenden Streichholz am Boden zu schaffen macht, oder? „Weit gefehlt, denn die Kohle kann sich, ähnlich wie Heu, selbst entzünden“, erläutert Godau. Im zweiten Teil des 1914 erschienenen Buches *Die wichtigsten Lagerstätten der „Nicht-Erze“* schreibt Otto Stutzer dazu: „Die schlechte Wärmeleitung des auf den Halden mit aufgeschütteten tauben Gesteines verhindert hierbei die Abgabe der Wärme, welche sich durch die Oxydation der Kohle bildet. Hierdurch erhöht sich die Temperatur der Halde immer mehr, was schließlich zur Selbstentzündung der Kohle führen kann.“

Unter dem Laub und etwas Humus kommt das rote Gestein zu Tage.

Dem kann man auf verschiedene Arten entgegenwirken. Man kann den Abraum besonders dicht aufschütten, sodass so wenig Sauerstoff wie möglich an das kohlehaltige Material herankommt. Eine andere Möglichkeit ist das Einbauen von Zugkanälen, damit die Kohle abkühlt. Sollte es trotz allem zu einem Haldenbrand kommen, ist es äußerst schwer, diesem

Herr zu werden. Gefährlich ist es auch dadurch, dass viele Halden nicht weit außerhalb, sondern durch den immensen Bevölkerungsanstieg während der Industrialisierung nun mitten in Wohngebieten liegen. Stutzer schreibt: „Durch Rauch und Qualm wirken diese Haldenbrände sehr störend. Im Innern der Halden sammeln sich bei solchen Bränden mitunter auch Gase an, welche sich später entzünden und bei der dadurch eintretenden Explosion Gesteinsstücke emporschleudern." Aber er vermeldet auch, wenn auch etwas sarkastisch: „Das Volumen der Halde selbst wird durch einen Brand verringert. Es ist dieses letztere wohl die einzige angenehme Begleiterscheinung der Haldenbrände."

„Dass der obere Teil der Halde vom Grün freigehalten wird, hat übrigens einen künstlerischen Grund."

Um die Brände zu bekämpfen, kann man die Brandherde abgraben, wie es beim nördlichen Teil der Halde geschehen ist. Man kann sie aber auch möglichst luftdicht überdecken, zum Beispiel mit Ton – was auf der südlichen Halde passiert ist. Bei dem roten Gestein handelt es sich um Schiefer. „Er ist deshalb rot, weil er durch die brennende Kohle in der Erde *gebacken* wurde, denn auch die Halde Rheinelbe hat gebrannt. Aber keine Angst, wir sind sicher", beruhigt Godau. Ende der 1970er-Jahre begann es hier zu brennen, zwischen 1986 und 1989 wurden entsprechende Gegenmaßnahmen mit Ton ergriffen. Die Halde brennt heute nicht mehr, wird immer noch überwacht, auch wenn es keine Rauchschwaden gibt oder glühende Steine den Wald ankokeln.

Heute ist es ganz ruhig hier. Einmal abgesehen von den spielenden Kindern und dem Vogelgezwitscher.

Mike Durlacher

So geht's zum roten Boden:

Den roten Boden findet man im südlichen Teil der Halde Rheinelbe.

Der heutige Park war einst ein Friedhof, Grabsteine sind aber hier heute nicht mehr zu finden.

18

Grünfläche

Éire, Kohle und Grabsteine auf Wanderschaft

„Hier waren sogar einige Iren beerdigt", sagt Stephan Haas und deutet auf die kleine Grünfläche, die so gar nicht wirkt wie ein Ort, an dem einmal Menschen bestattet waren. Doch Haaß weiß, dass es sich hierbei um einen alten Friedhof handelt, der sich um die einstige St. Georgs Kirche befand. Und auf jenem fanden eben auch drei Iren ihre letzte Ruhestätte, die für Gelsenkirchen von einiger Bedeutung waren. Dass sie von der Grünen Insel nach Gelsenkirchen kamen hat, wie so vieles in Gelsenkirchen, mit dem Bergbau zu tun.

Bergbau ist und war kapitalintensiv. Denn bevor man die begehrten Güter fördern konnte, waren enorme Vorbereitungen notwendig. Nach Erhalt der Konzession mussten Mutungsbohrungen angestellt werden, um die kohleführenden Schichten aufzuspüren. Es waren teure Gerätschaften nötig, ebenso aufwendige Bohrungen, Schächte und Stollen wurden vorangetrieben, bis schließlich das schwarze Gold ans Tageslicht kam. Hinzu kamen Unmengen von Arbeitern, Energiekosten, Transport und Logistik. Wer mit Kohle Geld verdienen wollte, musste schon davor etwas Geld haben. Und genau dies fehlte im Irland des 19. Jahrhunderts. Trotzdem versuchten sich einige Iren in der Kohleförderung. Einer von ihnen war Michael Corr van der Maeren (1802-1878), der für seine Konzession auf Ludwigsglück nach Kapital suchte und sich an seine Landesgenossen wendete. „Das war 1853, da war Gelsenkirchen beinahe noch ländlich", beschreibt Haas die Situation vor Ort. Doch die Kohleförderung war auf dem Vormarsch. Und der Ire fand kapitalkräftige Landsmänner: William Perry (1795-1858), Joseph Malcomson (1798-1858) und William Thomas Mulvany (1806-1885). Letzterer kam 1854 nach Gelsenkirchen und Herne. Er erinnerte sich in einer Festschrift: „Als ich das Oberbergamt besuchte, untersuchte ich die geologische Karte und wurde mir durch Schürfungen an Ort und Stelle darüber klar, welch wundervoll reiche Vorkommen unter dem Boden lagen", wie in William Hendersons Artikel *William Thomas Mulvany – ein irischer Unternehmer im Ruhrgebiet 1806-1885* von 1970 nachzulesen ist. Aber Mulvany erkannte auch einige Probleme: „Ich sah, wie unzulänglich Eure Eisenbahnen und Kanäle damals waren und erkannte, welch schwere Last Eure bestehenden Verkehrsmittel zu bewältigen hatten. Ich sagte: Diese Leute wissen nichts von ihrem eigenen Reichtum."

Stephan Haas weiß, dass das Altstadtcafé auf einem ehemaligen Friedhof steht.

Aber mit diesen Problemen kannte sich Mulvany aus. Denn er war seit 1846 bis zu seiner Pensionierung 1853 als Mitglied der

Oberbehörde des Amtes für öffentliche Bauten auch für Infrastruktur zuständig.

Also machten sich die vier Iren zusammen mit ihrem Geld und ihrem Unternehmergeist in Gelsenkirchen ans Werk: Am St.-Patricks-Tag 1855, dem 17. März, begannen die Arbeiten an der neu gegründeten Zeche Hibernia, was auf Lateinisch Irland bedeutet. Schon zwei Jahre später war der erste Schacht abgeteuft. Aber nicht nur irisches Geld kam nach Gelsenkirchen, sondern auch irisches Know-How in Person von William Coulson (1791-1865), der Spezialist für das Abteufen war. Auch irische Arbeiter ließen sich in Gelsenkirchen nieder. Viele Iren waren bereit, ihre grüne Heimatinsel zu verlassen, zumal Irland wegen der großen Hungersnot, ausgelöst durch massive Kartoffelmissernten, zerrüttet und wirtschaftlich am Boden war.

Der Grabstein von Elisabeth Coulson findet sich heute im Ruhr Museum in Essen.

Die irischen Kumpel auf der Zeche Hibernia lebten in einer eigenen Siedlung in der Nähe ihres Arbeitsplatzes. Es gab eine englische Schule, mindestens bis 1873, mit zwei eigenen Lehrern, und aus Düsseldorf kam ein englischsprachiger Priester, der sich um das katholische Seelenheil der oft strenggläubigen Iren kümmerte.

Die Iren lebten, liebten, arbeiteten und starben in ihrer neuen Heimat. Begraben wurden sie auf dem Friedhof eben jener eingangs erwähnten St.-Georgs-Kirche. Doch der Friedhof wurde fortan nicht mehr als solcher genutzt. Und so verfiel diese letzte Ruhestätte immer mehr. In dem

1922 erschienenen Buch *Deutschlands Städtebau - Gelsenkirchen* von Max Arendt und Wilhelm Brepohl liest sich der Zustand des Geländes so: „[...] der älteste noch bestehende [Friedhof], bietet mit seinem wild treibenden Grün genug Schlupfwinkel für die Vögel. Es ist ein Friedhof, still, schattig und leidlos, wie alte Städtchen ihn oft haben, in dem längst die letzte Träne geweint ist und neues Leben seine grünen Zweige über versinkende, schiefe und verwitternde Grabsteine und Denkmäler breitet."

„Sie kamen auf den neu eingeweihten Altstadtfriedhof an der Kirchstraße. Aber auf diesem sind sie heute auch nicht mehr zu finden."

Irgendwann, wann genau ist nicht bekannt, wanderten die Grabsteine, soweit vorhanden, weiter. „Sie kamen auf den neu eingeweihten Altstadtfriedhof an der Kirchstraße", nennt der Stadtführer das Ziel der ersten Reise. „Aber auf diesem sind sie heute auch nicht mehr zu finden", sagt er und deutet in Richtung Essen. „Die letzten verbliebenen befinden sich nämlich im Museum der Zeche Zollverein, dem Ruhr Museum." Hier sind sie gekonnt in die Ausstellung integriert, interessierte Besucher können sich hier über Coulson, Mulvany und all die Iren informieren.

Viel Bewegung also für die beiden erhaltenen Grabsteine vom ehemaligen Irenfriedhof. Genauso bewegt wie die Geschichte Gelsenkirchens und der Iren, die hier eine neue Heimat gefunden hatten.

Mike Durlacher

So geht's zur Grünfläche:

Die Grünfläche befindet sich zwischen der Robert-Koch-Straße und der Husemannstraße, der Altstadtfriedhof an der Kirchstraße, das Ruhr Museum bei der Zeche Zollverein in Essen.

Dirk Slawetzki kennt sich bestens in der Stadt aus. Was eine Protegohaube ist, musste aber auch der gebürtige Gelsenkirchener recherchieren.

19

Protegohaube

Ventile erinnern an die Stadt der tausend Feuer

Was steht denn dort für eine merkwürdige Stahlkonstruktion auf dem Parkplatz an der Hiberniastraße? Ist das eine futuristische Straßenlampe oder handelt es sich um moderne Kunst? Diese Frage hat sich auch der Gästeführer und gebürtige Gelsenkirchener Dirk Slawetzki vor einigen Jahren gestellt und ist der Sache auf den Grund gegangen.

Eines sei vorab verraten: Mit der heutigen Nutzung des Grundstücks hat die Geschichte nichts zu tun. Die Erklärung schlummert tief unter der Erde. Einen Hinweis aber gibt der Straßenname. Die Hiberniastraße ist nämlich nach der gleichnamigen Zeche benannt.

„Das war die erste Zeche auf dem ursprünglichen Gelsenkirchener Stadtgebiet“, sagt Dirk Slawetzki.

Ab 1858 wurde hier Kohle gefördert. Heute erinnert so gut wie nichts mehr an das Steinkohlebergwerk. Die Entlüftungsrohre an den ehemaligen Zechenschächten sind noch erhalten. Beim Abbau der Kohle wurde Grubengas freigesetzt, dessen Hauptbestandteil Methan hochexplosiv ist und das bis heute über die Zechenschächte entweicht. Bei der merkwürdigen Stahlkonstruktion auf dem Parkplatz handelt es sich um eine Protegohaube, eine Art Sicherheitsventil. „Sie sorgt dafür, dass das Methangas nicht unkontrolliert ausströmen kann“, erklärt der Gelsenkirchener.

Der Name „Protegohaube“ ist umgangssprachlich und geht auf die Braunschweiger Herstellerfirma Protego zurück. In der Fachsprache bezeichnet man die Ventile als Flammendurchschlagsicherungen. Diese Konstrukte findet man an vielen Stellen in Gelsenkirchen, das nicht ohne Grund die *Stadt der tausend Feuer* genannt wurde. „Wir hatten hier 14 Zechen“, sagt Dirk Slawetzki. An einigen Stellen sei die Menge an ausströmendem Methan heute noch so groß, dass das Gas energetisch genutzt werden kann. Im Stadtteil Buer etwa habe man ein Minikraftwerk über einem ehemaligen Zechenschacht errichtet.

Doch zurück zur Zeche Hibernia. Dass die erste Gelsenkirchener Zeche ausgerechnet an dieser Stelle gegründet wurde, hat nicht nur mit den Kohlevorkommen im Erdreich zu tun, sondern auch mit ihrer strategisch günstigen Lage. Noch heute verläuft auf der anderen Seite der Hiberniastraße eine Eisenbahntrasse. „Die Eisenbahnstrecke zwischen Köln und Minden wurde 1847 fertiggestellt. An ihr aufgereiht findet man viele Zechen“, sagt Dirk Slawetzki.

Seinen Namen verdankte das Bergwerk seinem Gründer William Thomas Mulvany (1806-1885). „Mulvany war stolz auf seine irischen Wurzeln. Deshalb hat er die Zeche *Hibernia* genannt, was lateinisch ist und Irland bedeutet“, erläutert Slawetzki. Denn genau wie die meisten seiner Mitstreiter stammte auch Mulvany nicht aus der Region. Während die Bevölkerung im Ruhrgebiet Mitte des 19. Jahrhunderts noch von der Landwirtschaft oder dem Handwerk lebte, war die industrielle Entwicklung andernorts, insbesondere in

Großbritannien, schon weit fortgeschritten. Die dortigen Ingenieure besaßen das technische Knowhow, um auch Kohlevorkommen in mehreren Hundert Metern Tiefe zu erschließen.

In den Zechen arbeiteten zunächst kaum Gelsenkirchener. „Die Bergarbeiter wurden in der Umgebung oder sogar im Ausland angeworben. In Oberschlesien zum Beispiel, wo es damals schon erfahrene Bergleute gab", erzählt der Gästeführer. Viele kamen auch aus Ostpreußen. Sie waren arme kleinbäuerliche Pächter, die sich leicht dazu überreden ließen, ihre Heimat aufzugeben und ihr Glück im Bergbau zu suchen. „Sie finden hier in Gelsenkirchen kaum jemanden", sagt Dirk Slawetzki, „dessen Familie länger als 200 Jahre in der Stadt lebt."

Doch auch wenn es Fremde waren, die den Bergbau in die Stadt brachten, wurde die Kohleförderung neben der Stahlindustrie schnell heimisch und zu einem der wichtigsten Wirtschaftszweige der Region. Ende der 1950er-Jahre arbeiteten im Ruhrgebiet rund 500.000 Menschen im Kohlebergbau. Doch zu diesem Zeitpunkt hatte die Verdrängung der heimischen Steinkohle durch Erdöl und Importkohle bereits begonnen – eine Entwicklung, die sich dann durch die Globalisierung noch beschleunigte.

Die Protegohauben sind somit kleine Symbole für den Wandel des Ruhrgebiets. Verdeutlichen sie doch in ihrer Masse die einstige wirtschaftliche Kraft der Kohle, zeigen aber eben gleichzeitig, dass die Hochzeit des Bergbaus schon lange vorüber ist. Die Protegohaube steht auch ein wenig als Symbol für den Neuanfang. Schließlich wird auf dem einstigen Zechengelände noch immer gearbeitet: nicht mehr im Bergbau, dafür aber im Dienstleistungssektor.

Maira Schröer

So geht's zur Protegohaube:

Die Protegohaube befindet sich auf dem Parkplatz an der Hiberniastraße. Von der Bokermühlstraße aus läuft man direkt darauf zu.

Die rechteckigen und quadratischen Steine an der Wand der U-Bahn-Station sind nicht unbedingt auf den ersten Blick als Noten erkennbar.

20

Noten

Klassische Musik zum Anfassen

Wer ins Musiktheater im Revier (MiR) geht, will Musik hören: Die Besucher kommen von weit her, um Opern, Musicals, Sinfoniekonzerte und Ballettaufführungen zu sehen. Was viele von ihnen nicht wissen: Schon auf dem Weg zum Konzertsaal sind sie einem Musikstück begegnet. Das gilt zumindest für die Gäste, die mit der U-Bahn anreisen. „Es ist der Anfang eines Menuetts des italienischen Komponisten Luigi Boccherini", sagt Hildegard Schneiders. Das kann man in diesem Fall allerdings nicht hören, dafür aber anfassen. An einer Wand der U-Bahn-Station „Musiktheater", nicht unten im U-Bahn-Schacht, sondern auf der darüberliegenden Verteilerebene, hängen Noten aus großen schwarzen Steinen. „Sogar die Notenwerte sind lesbar: je breiter der Stein, desto länger die Note", erklärt die gebürtige Gelsenkirchenerin. Um das zu erkennen, braucht es allerdings schon eine gehörige Portion Expertenwissen. Viele Passanten kommen vermutlich noch nicht einmal darauf, dass es sich bei den Würfeln und Rechtecken aus Stein um Noten handelt. „Die Leute gehen daran vorbei und keiner weiß, was es ist", meint auch sie. Wer allerdings genau hinschaut, findet in der Nähe der Notenreihe die Inschrift *Melodie in Stein*.

Hildegard Schneiders kennt aber nicht nur das Musikstück Boccherinis (1743-1805), zu dem die Noten gehören. Die pensionierte Geschichtslehrerin weiß auch, wer die Steine hier angebracht hat. Der Auftraggeber war nämlich nicht, wie man vielleicht vermuten könnte, das Musiktheater im Revier, das seinen Gästen mit einem kleinen Rätsel die Zeit bis zum Vorstellungsbeginn verkürzen wollte. „Die Idee für die Melodie in Stein hatten zwei Mitarbeiter des Stadtbahnbauamtes, der Architekt Günter Trebstein und der Bauingenieur Bernd Törk", sagt sie und ergänzt: „Lange habe ich vergeblich nach den Ideengebern für dieses Kunstwerk geforscht, bis ich endlich in einem Aufsatz des Heimatforschers Dr. Heinrich Ermeling von 1985 konkrete Namen fand." Sie nahm Kontakt zu Bernd Törk auf. Dieser erzählte ihr, dass die Idee, die Wand mit Steinen zu gestalten, von Günter Trebstein stamme, während er selbst vorgeschlagen habe, mit den Noten aus Stein das Musikstück von Boccherini darzustellen. „Er kannte das Menuett aus der Tanzstunde und von den Comedian Harmonists", erzählt Hildegard Schneiders. Das erfolgreiche Berliner Vokalensemble aus den 1920er- und 1930er Jahren interpretierte das Menuett des italienischen Komponisten. Eine Firma aus

Die pensionierte Geschichtslehrerin Hildegard Schneiders weiß, zu welchem Musikstück die Noten aus Stein gehören.

Münster habe den Vorschlag des Bauingenieurs dann in die Tat umgesetzt.

Im November 1972 hat die Stadt Gelsenkirchen damit begonnen, die Straßenbahn in den Untergrund zu verlegen. Laut Hildegard Schneiders wurden mehrere der neuen U-Bahn-Stationen künstlerisch gestaltet. So machte der Maler und Designer Alfred Schmidt (1930-1998) die Wände der Haltestelle „Bergwerk Consolidation" beispielsweise 1997 zu seiner Leinwand (siehe Geheimnis 03). Auch in der U-Bahn-Station „Musiktheater" gibt es neben dem Menuett von Boccherini weitere Kunstwerke zu entdecken. An den gekachelten Wänden des U-Bahnschachtes hängen insgesamt zwölf große Wandbilder. „Sie stammen von Erwin W. Zimmer", weiß Hildegard Schneiders. Der renommierte Bühnen- und Kostümbildner hat in seinen fast 40 Berufsjahren Bühnenwelten für über 300 Inszenierungen geschaffen. Bis 1996 war Erwin W. Zimmer (1931-1998) Ausstellungsleiter am Musiktheater im Revier.

Bei den Wandbildern in der U-Bahn-Station handelt es sich um Collagen, in denen Zimmer verschiedene Elemente aus der europäischen Kunst- und Kulturgeschichte miteinander kombiniert hat. Wer sich auskennt, findet hier zum Beispiel Hinweise auf Pegasus, das geflügelte Pferd aus der griechischen Mythologie, oder die Figur des Vogelfängers Papageno aus der Oper *Die Zauberflöte* von Wolfgang Amadeus Mozart (1756-1791).

Noch ein Rätsel also, das laut Hildegard Schneiders aber deutlich bekannter ist als die Noten aus Stein. Langeweile kommt beim Warten auf die U-Bahn in dieser Station ganz sicher nicht auf!

Maira Schröer

So geht's zu den Noten:

Die „Melodie in Stein" hängt an einer Wand in der U-Bahn-Station „Musiktheater", nicht unten im U-Bahn-Schacht, sondern auf der darüberliegenden Verteilerebene.

MUSLIMISCHER FRIEDHOFSTEIL
GELSENKIRCHEN
MÜSLÜMAN MEZARLIĞI
المقبرة الأسلامية

21

Friedhofsschild

Muslime und ihre letzte Ruhestätte

Die städtischen Friedhöfe verfügen in Gelsenkirchen zusammen über eine 147 Hektar große Fläche. Was viele nicht wissen: 2.800 Quadratmeter davon sind für Menschen muslimischen Glaubens reserviert. Im südöstlichen Teil des Friedhofs Hassel-Oberfeldingen befindet sich ein islamisches Gräberfeld. Abgegrenzt durch eine Baumreihe und sowohl über den Friedhof als auch über einen separaten Eingang zugänglich, können Muslime hier ihre Angehörigen beerdigen. Grüne Schilder in deutscher, türkischer und arabischer Sprache weisen den Besucher darauf hin, dass er jetzt den muslimischen Teil des Friedhofs betritt. Am 27. Mai 1998 wurde das Gräberfeld eingeweiht. Das war der erfolgreiche Abschluss eines interkulturellen Dialogs, der nicht immer einfach war, wie sich der ehemalige Integrationsbeauftragte der Stadt Mehmet Ayas erinnert. Der gebürtige Türke ist inzwischen im Ruhestand.

Der Wunsch nach einem muslimischen Friedhof war bereits einige Jahre zuvor, 1986, erstmals an die Stadtverwaltung herangetragen worden. Eine Moscheegemeinde stellte einen entsprechenden Antrag, die Forderung blieb aber zunächst ungehört. Erst als sich der Interkulturelle Arbeitskreis, ein Zusammenschluss aus christlichen, jüdischen und muslimischen Gemeindevertretern, Mitte der 1990er-Jahre mit dem Thema befasste, ging es voran. „Der Interkulturelle Arbeitskreis Gelsenkirchen wurde bereits Anfang der 1970er-Jahre von Pfarrer Richard Walter gegründet. Herr Walter genoss bis zu seinem Tod 2005 große Akzeptanz durch die muslimische Bevölkerung", erzählt der ehemalige Verwaltungsmitarbeiter.

Die Idee einer letzten Ruhestätte für Muslime fand sowohl bei der Stadt als auch bei den Kirchen Unterstützer. Doch es gab zwei Konfliktpunkte: die in Gelsenkirchen geltende Ruhezeit von 25

Mehmet Ayas hat sich als Integrationsbeauftragter der Stadt mit dafür eingesetzt, dass die Muslime einen eigenen Friedhofsteil erhielten.

Jahren und die Sargpflicht. Gräber werden hierzulande nicht für die Ewigkeit vergeben, man erwirbt ein Nutzungsrecht für einen bestimmten Zeitraum. „Muslime werden aber für immer bestattet", sagt Mehmet Ayas. Eine befristete Ruhezeit sei deshalb mit dem muslimischen Glauben nicht vereinbar.
Das Gleiche gilt für die Sargpflicht, die bis heute in der Friedhofssatzung der Stadt Gelsenkirchen festgeschrieben ist. Das Problem: Muslime werden ohne Sarg, in ein Leichentuch gewickelt, direkt in der Erde begraben. „Wir hatten alle Fragen beantwortet, aber diese beiden Probleme blieben bestehen", erinnert sich der gebürtige Türke.

Das strittige Thema „Bestattung für immer" ließ sich laut Mehmet Ayas mit der Zusage beilegen, dass die sterblichen Überreste auch nach Ablauf der Ruhezeit in der Erde bleiben. Eine Lösung für die „Sargpflicht" zu finden, sei deutlich schwieriger gewesen, berichtet der ehemalige Integrationsbeauftragte.

Ein grünes Schild weist den Besucher darauf hin, dass er nun den muslimischen Teil des Friedhofs betritt.

Die entscheidende Aussage lieferte schließlich Mustafa Kinay, ein islamischer Geistlicher der DITIB-Gemeinde Mulvanystraße. „Er erklärte uns, dass im Koran lediglich von *Erdkontakt* die Rede sei und dass man, statt den Leichnam direkt in der Erde zu begraben, auch eine Handvoll Erde mit in den Sarg hineingeben könne." Dies ist eine Auslegung des Korans, die jedenfalls von den Mitgliedern der zum Interkulturellen Arbeitskreis gehörenden muslimischen Gemeinden akzeptiert wurde. „Es gab auch islamische Gruppen, die das anders gesehen haben", sagt der Verwaltungsmitarbeiter im Ruhestand.

Doch der Weg für einen muslimischen Friedhof war nun frei, und die Stadtverwaltung legte in Hassel, einem Stadtteil, in dem bis heute viele Muslime leben, ein Gräberfeld mit 242 Reihengräbern, 21 Doppelgräbern und 80 Kindergräbern an. Vergleichsweise wenig, könnte man meinen. Aber Mehmet Ayas erklärt: „Muslime werden in der Regel zur Bestattung in ihre Heimatländer überführt."

„Wir hatten alle Fragen beantwortet, aber diese beiden Probleme blieben bestehen."

Dass Mitte der 1980er-Jahre in Gelsenkirchen der Wunsch nach einem muslimischen Friedhof aufkam, ist für den gebürtigen Türken, der selbst mit 20 Jahren nach Deutschland ausgewandert ist, nicht erstaunlich. Er spricht von verschiedenen Phasen der Integration. Viele muslimische Gastarbeiter kamen in den 1960er-Jahren nach Gelsenkirchen. „Man konnte sich nicht vorstellen, hier begraben zu werden", sagt Mehmet Ayas. Deutschland sollte nur ein berufliches Zwischenspiel sein. Doch viele Gastarbeiter blieben und gründeten in Gelsenkirchen eigene Familien.

Die erste Ruhestätte, die auf dem muslimischen Teil des Friedhofs belegt wurde, war ein Kindergrab, weiß der ehemalige Integrationsbeauftragte. Nur zu verständlich, dass die Eltern ihr Kind auch nach dem Tod in ihrer Nähe wissen wollten.

Mehmet Ayas ist davon überzeugt, dass sich zunehmend mehr Muslime für eine Bestattung in ihrer neuen Heimat Deutschland entscheiden werden. Doch so ein Prozess braucht nicht nur Zeit, sondern auch eine Möglichkeit. Und die ist mit dem muslimischen Gräberfeld in Hassel geschaffen worden.

Maira Schröer

So geht's zum Friedhofsschild:

Der Friedhof Hassel-Oberfeldingen ist über die Hasseler Straße zugänglich. Das muslimische Gräberfeld befindet sich ganz im Südosten der Anlage.

22

Mauervorsprung

Kompromiss zum Schutz der Siedlung

Im Klapheckenhof findet man ihn an so gut wie jedem Haus: einen kleinen Mauervorsprung, der den älteren Teil des Gebäudes von einem neueren Anbau trennt. Was es mit dieser Besonderheit auf sich hat, weiß Dr. Lutz Heidemann nur zu gut. Denn der ehemalige Stadtplaner hat den Mauervorsprung selbst zur Vorschrift für die Bergarbeiter-Siedlung im Stadtteil Heßler gemacht. Doch was zunächst nach viel Bürokratie klingt, war in Wahrheit ein Kompromiss, der die Häuser und ihre Bewohner gleichermaßen schützte, indem er die Wohnungen sanierungsfähig machte.

Der Klapheckenhof ist eine der ältesten Arbeitersiedlungen in Gelsenkirchen. Sie entstand in den Jahren 1873 bis 1882 auf dem Gelände eines Bauernhofes, der seinen Namen von einem früher dort vorhandenen verschließbaren Durchgang in einer Wallhecke hatte, die als „Landwehr" zum Beispiel plündernde Soldaten abhalten sollte. In der Nähe von Schacht 2 der Zeche Wilhelmine Victoria ließ das Bergwerk drei Reihen mit jeweils zehn Häusern für seine Arbeiter bauen. Nicht ganz uneigennützig, sagt Lutz Heidemann: „Die Werke sicherten sich auf diese Weise ihre Stammbelegschaft." Denn wer den Arbeitsplatz verließ, verlor in der Regel auch seine Wohnung. Bei den 30 Häusern handele es sich um klassische Vierspänner, erklärt der Diplom-Ingenieur der Architektur: vier Wohneinheiten, jeweils mit separatem Eingang und einem Garten, in dem die Bergleute früher Gemüse anbauten und zum Teil Schweine, Ziegen oder Geflügel hielten.

Als Lutz Heidemann 1972 von einer Assistentenstelle an der Ruhr-Universität Bochum in die Gelsenkirchener Stadtverwaltung wechselte, war die Hochzeit des Steinkohlebergbaus im Ruhrgebiet schon vorbei. Um am Markt weiter bestehen zu können, hatte sich der Großteil der kohlefördernden Unternehmen am 27. November 1968 zur Ruhrkohle-AG (RAG) zusammengeschlossen.

Als stellvertretender Leiter des Stadtplanungsamtes hat Lutz Heidemann die Privatisierung der Bergarbeiter-Siedlung Klapheckenhof begleitet. Er weiß auch, was es mit dem Mauervorsprung auf sich hat.

„An die Ruhrkohle-AG gingen aber nur die Betriebsflächen", sagt der engagierte Denkmalschützer und ergänzt: „Die Bergarbeiter-Siedlungen blieben bei den Alt-Gesellschaften." Auf der Zeche Wilhelmine Victoria in Heßler wurde schon seit 1960 keine Kohle mehr gefördert; Teile der Anlage wurden als Außenschacht für ein benachbartes Bergwerk weitergenutzt. Seit 1964 gehörte die Zeche genau wie die Arbeitersiedlung zum Hoesch-Konzern, der die Häuser 1978 verkaufen wollte.

Das war allerdings nicht so leicht. Denn auch wenn in den Wohnungen früher einmal sechs oder sieben Personen gelebt hatten, waren sie mit 65 Quadratmetern nach modernen Standards vergleichsweise klein. Wohnungsvergrößerungen und Sanierungen wurden notwendig und die Mieter fürchteten Abriss und Kündigung: eine Entwicklung, die zu dieser Zeit viele alte Zechensiedlungen in Gelsenkirchen betraf. Denn durch die Gründung der Ruhrkohle AG wurde die traditionelle Bindung zwischen Werken und Mietern aufgelöst.

Die Bergarbeiter-Siedlung Klapheckenhof: Ein kleiner Mauervorsprung zeigt, wo die historische Bausubstanz endet und der Anbau beginnt.

„Die Bewohner der Siedlungen sollten aber auf keinen Fall verdrängt werden", sagt Lutz Heidemann. Das sei Politik und Verwaltung damals wichtig gewesen. Insgesamt habe man ab 1975 ein Umdenken in der Bewertung der Arbeitersiedlungen beobachten können. „Sie wurden nicht mehr als rückständig betrachtet, sondern ihre städtebaulichen und sozialen Qualitäten wiederentdeckt", sagt der Stadtplaner. Die Stadt verabschiedete Gestaltungs- und Erhaltungssatzungen und verhinderte so durch kommunalpolitische Vorgaben, dass die Gebäude abgerissen wurden.

Im Fall des Klapheckenhofs fand man einen Kompromiss: 1981 begann die Privatisierung. Die Hoesch AG verkaufte die Wohnungen, allerdings zum großen Teil an die damaligen Mieter. „Wir haben den neuen Eigentümern erlaubt, anzubauen", sagt Lutz Heidemann. So konnten die Wohnungen modernisiert und beispielsweise Platz für Badezimmer geschaffen werden. „Die Grundstruktur der Siedlung sollte erhalten bleiben", betont der ehemalige stellvertretende Amtsleiter. Anbauten im größeren Stil waren nicht erlaubt, eingeschossige kleine Vorbauten aber schon. Sie mussten allerdings optisch von den ursprünglichen Gebäudeteilen getrennt sein, was mithilfe des bereits erwähnten Mauervorsprungs geschah.

„Gelsenkirchen ist so reich an Werkssiedlungen wie kaum eine andere Stadt."

Durch das Zusammenspiel von Stadtverwaltung und Eigentümern ist es offensichtlich nicht nur im Klapheckenhof gelungen, die historische Bausubstanz zu sichern. „Gelsenkirchen ist so reich an Werkssiedlungen wie kaum eine andere Stadt", sagt Lutz Heidemann. Auch wenn nicht alle vor dem Abriss bewahrt werden konnten und einige im Krieg zerstört wurden, machen die von der Großindustrie errichteten Wohnungen noch heute rund ein Zehntel des Wohnungsbestandes von Gelsenkirchen aus. Verwaltungsvorschriften wie die „Erweiterung mit Rücksprung" – so heißt der Mauervorsprung nämlich in korrektem Amtsdeutsch – können also manchmal durchaus nützlich sein.

Maira Schröer

So geht's zum Mauervorsprung:

Die Bergarbeiter-Siedlung Klapheckenhof liegt im Zentrum von Heßler. Wenn man die Straße Fersenbruch in Richtung Nordsternpark entlangläuft, kommt man daran vorbei.

Malerisch und typisch: die Zechensiedlung Erdbrüggenstraße.

23

Erdbrüggenstraße

Bergarbeiterhäuser als Filmkulisse

Malerisch präsentiert sich die Erdbrüggenstraße dem Betrachter, wenn man von der Zeche Consolidation durch den Consolpark in Richtung Kanalstraße geht und oberhalb der Treppe stehen bleibt. Unbefestigte Bürgersteige, dunkle Tonziegel, die verschiedenen Dachformen der Häuser, die schönen alten Robinien, ursprünglich aus Nord-Amerika stammend, die die Straße säumen – all das lässt einen verweilen und beschwört eine andere Zeit herauf.

„Kein Wunder also, dass diese Straße immer wieder für Filme als Drehort genutzt wurde", erzählt Andreas Lommatzsch, Mitarbeiter des Stadtarchivs im Institut für Stadtgeschichte Gelsenkirchen. Einer der bekannteren Filme, in die es die Erdbrüggenstraße geschafft hat, ist *Alice in den Städten* aus dem Jahr 1974 von dem bekannten deutschen Regisseur Wim Wenders. In diesem Film begleitet der Protagonist unverhofft das Mädchen Alice auf dem Flug von New York nach Amsterdam, wo die Mutter das Kind aber nicht wie versprochen abholt. Er macht sich mit der Kleinen auf den Weg, um ihre Oma zu suchen, und fährt mit dem Mädchen durch ganz Deutschland. Schließlich finden sie die Großmutter im Gelsenkirchener Stadtteil Bismarck an der Ecke Kanalstraße / Erdbrüggenstraße.

„Kein Wunder also, dass diese Straße immer wieder für Filme als Drehort herangezogen wurde."

Ein weiterer Film, der in der alten Straße spielt, stammt aus dem Jahr 2002 und heißt *Zwei Wochen Argentinien*. Hier geht es um einen Akkordeonbauer, der um das Sorgerecht für seine Tochter kämpft, dafür aber vorgaukeln muss, seine Firma laufe erfolgreich. „Die Erdbrüggenstraße mit ihren Häusern ist exemplarisch für die Zechensiedlungen im Ruhrgebiet", bekundet Lommatzsch. Sie trug bei ihrer Anlegung 1895 zunächst den Namen *Horster Straße*, seit 1903 hieß sie *Marienstraße*, bis sie schließlich etwa 1937 ihren heutigen Namen erhielt. „Zumindest zehn der Häuser stehen seit 1898 in der Stichstraße, die heute so großen und schönen Bäume kamen etwa zwei Jahre später dazu", resümiert er.

Gegründet wurde diese Siedlung in der Nähe des Schachts 3 der Zeche Consolidation. Viele Bergwerkseigentümer bauten solche Siedlungen direkt neben den Zechen, so auch zum Beispiel Friedrich Alfred Krupp (1854-1902), zum einen um an den Mieten zu verdienen, zum anderen konnten sie auf diese Weise sicherstellen, dass die Wege zum Arbeitsplatz möglichst kurz waren. Auch war der Wohnraum knapp, die Bergarbeiter konnten sich so hübsche Häuschen mieten, die Steigerhäuser aber waren schöner und größer als die der einfachen Bergleute.

Die letzten beiden Häuser direkt an der Ecke zur Kanalstraße sind etwas jünger, nämlich von 1907. Sie sehen auch anders aus als die übrigen. Die Fassaden der älteren Häuser besitzen einen dunklen Braunton, was am verwendeten Zechenziegelstein liegt. „Dieser ist deshalb so dunkel, weil er aus dem Abraum der Zechen hergestellt wurde, hauptsächlich aus Schieferton", erklärt der Archivmitarbeiter die Färbung der Ziegel. Die beiden jüngeren Gebäude sind hingegen hell verputzt und zeigen leicht vorgezogene Eckpfeiler und horizontale Ziegelbänder. Auch sind die Dächer anders gestaltet. Der Kontrast zu den Nachbargebäuden ist durchaus gelungen und gewollt, die Änderungen im Putz und in der Bauweise sollten der Straße einen ansprechenderes Aussehen verleihen.

„Zumindest zehn der Häuser stehen seit 1898 in der Stichstraße, die heute so großen und schönen Bäume kamen etwa zwei Jahre später dazu."

All das macht sie so malerisch, die kleine Straße, die durch ihre Schönheit und ihre Besonderheit selbst zum Filmstar wurde.

Mike Durlacher

So geht's zur Erdbrüggenstraße:

Dieser Teil der Erdbrüggenstraße befindet sich gleich neben dem Consolpark und trifft dort auf die Kanalstraße.

Hier wurden früher Fußballtickets verkauft. Daran erinnert noch das alte Schild über der Ladentür.

24

Schild

Wo Ernst Kuzorra Fußballtickets verkaufte

1958 muss hier die Hölle los gewesen sein: Der FC Schalke 04 schaffte es ins Endspiel um die Deutsche Meisterschaft. Am 18. Mai traten die Königsblauen in Hannover gegen den Hamburger SV an, den sie schließlich auch besiegten. Die Fans wollten bei diesem wichtigen Spiel natürlich dabei sein. Doch die Tickets waren knapp. „Nur zehn Prozent des Kartenkontingents ging nach Gelsenkirchen", erklärt Sebastian Pantförder, Leiter der Abteilung Tradition beim FC Schalke 04.

Wer eine der begehrten Eintrittskarten für das Meisterschaftsspiel ergattern wollte, musste sich anstellen, und zwar in einer vermutlich sehr langen Schlange vor einem Tabakladen an der damaligen König-Wilhelm-Straße, der heutigen Kurt-Schumacher-Straße. Noch heute kündet ein Schild über der Ladentür davon, dass es hier die begehrten Karten zu kaufen gab. „Das war damals die einzige

Vorverkaufsstelle für Auswärtsspiele des FC Schalke 04", sagt Sebastian Pantförder. Schwer vorstellbar aus heutiger Sicht, wo die Fans ihre Tickets per Mausklick im Internet bestellen.

Und wer stand hinter der Ladentheke? Kein Geringerer als die Schalker Fußball-Legende Ernst Kuzorra (1905-1990) persönlich. Kuzorra spielte nicht nur schon mit 17 Jahren in der ersten Mannschaft des Vereins, er führte die Königsblauen auch insgesamt 25 Jahre lang als Kapitän. Von 1933 bis 1942 stand er neunmal im Endspiel um die Deutsche Meisterschaft und brachte sechsmal die Meister-Trophäe nach Gelsenkirchen.

Sebastian Pantförder hat hier selbst noch Fußballtickets gekauft. Damals gehörte der Laden Ernst Novak, dem Schwager des Schalker Spielers Heinz van Haaren.

Ernst Kuzorra war aber nicht nur an diesem Tag im Meisterschaftsjahr 1958 im Tabakladen anzutreffen. Er betrieb das Geschäft bereits seit 1950 gemeinsam mit seiner Frau. Im gleichen Jahr hatte er seine Fußballerkarriere mit 45 Jahren beendet. Doch auch schon zu seinen aktiven Spielerzeiten hatte der Stürmer einen Tabakladen geführt, zunächst an der Gewerkenstraße und dann am Schalker Markt. Nach dem Krieg fand die Familie an der König-Wilhelm-Straße eine Wohnung und eröffnete im Erdgeschoss ein neues Geschäft.

„Die Fußballspieler waren damals alle berufstätig", erläutert Pantförder. Vom Ballsport allein konnte keiner leben. Der Traditionsbeauftragte des Vereins spricht von Handgeldern in Höhe von fünf oder zehn Mark zu Kuzorras Spielerzeit. „In den 1950er-Jahren wurde dann der Status Vertragsspieler eingeführt", erklärt der Fußballkenner. Die Spieler hätten zunächst um die 300 Mark im Monat erhalten. Ernst Kuzorra verdiente seine Brötchen deshalb mit dem Verkauf von Zeitschriften und Zigarren sowie mit der Vorverkaufsgebühr auf Fußballtickets. „Zehn Prozent sind bis heute üblich", sagt Sebastian Pantförder, der vermutet, dass die Gewinnspanne

damals bei begehrten Spielen auch schon mal etwas größer ausfallen konnte. Sicher weiß er das aber nicht.
Der Geschäftssinn wird jedenfalls Kuzorras Frau zugeschrieben. „Elli hatte im Laden die Hosen an", während der ehemalige Schalker Kapitän lieber mit den Kunden, von denen die meisten natürlich seinetwegen in das Geschäft kamen, Fußballfachgespräche führte, verrät der Leiter der Abteilung Tradition. „Er hat gerne Dönekes erzählt", sagt Sebastian Pantförder.

Im Alter von gut 70 Jahren entschied der frühere Schalker Kapitän, dass es mit der Arbeit nun genug sei. Der Laden blieb aber in Schalker Hand. Ernst Kuzorra verpachtete ihn Mitte der 1970er-Jahre einer anderen Fußball-Größe des Vereins, dem fast 40 Jahre jüngeren, aber auf dem Rasen nicht weniger erfolgreichen Reinhard „Stan" Libuda (1943-1996). Hinter der Ladentheke fühlte sich Libuda im Unterschied zu Kuzorra allerdings nicht sehr wohl. „Er ist hier als Geschäftsmann nicht glücklich geworden", sagt Sebastian Pantförder. Bereits 1982 gab er den Tabakladen wieder auf.

Nach einem Jahr Leerstand übernahm Rita van Haaren, die mit dem Schalker Spieler Heinz van Haaren verheiratet war. Ihr Bruder „Pele", der mit bürgerlichem Namen Gerd Novak heißt, betrieb das Geschäft schließlich bis 2011. Heute gibt es hier zwar weder Zeitschriften noch Zigarren oder Tickets zu kaufen, Fußballbegeisterte kommen aber immer noch in das Ladenlokal an der Kurt-Schumacher-Straße. Der FC Schalke 04 nutzt den früheren Verkaufsraum als Außenstelle für Fans und Mitglieder.

Maira Schröer

So geht's zum Schild:

Das Geschäft, das Ernst Kuzorra gemeinsam mit seiner Frau an der Kurt-Schumacher-Straße betrieb, befindet sich im Erdgeschoss des Gebäudes mit der Nummer 121. Das Schild hängt über dem Eingang.

Olivier Kruschinski weiß, welche Geschichte sich hinter dem Namen seines Lieblingsfußballvereins verbirgt. Der rechte der beiden Grabsteine erinnert an die Familie Schalke.

25

Grabstein

Schalker gab es schon im Mittelalter

Statt Bundesligastadt könnte Gelsenkirchen heute auch eine Hochburg des Reitsports sein: Der Name Schalke würde trotzdem eine besondere Rolle spielen. Denn, was viele nicht wissen, „ursprünglich handelte es sich dabei um einen Familiennamen", sagt Olivier Kruschinski, Gästeführer und Vorstandsvorsitzender der Stiftung Schalker Markt. Auf dem evangelischen Altstadtfriedhof befindet sich das Grab dieser Gelsenkirchener Gutsbesitzerfamilie, deren Geschichte bis ins 13. Jahrhundert zurückreicht und die im Mittelalter ihr Geld unter anderem mit dem Verkauf von Wildpferden verdiente. Auf dem Grabstein stehen vier Namen: Friederike, Hedwig, Dora und August Schalke (1845-1914). Der einzige männliche Name ist mit dem Zusatz Gutsbesitzer versehen. „August Schalke war der letzte Eigentümer des Hofes Schalke", erzählt Olivier Kruschinski.

Angefangen hat alles mit Henricus miles de Scadelike, dessen Namen Olivier Kruschinski mit Heinrich von Schalke übersetzt. 1246 tauchte er erstmals in einer Urkunde auf. „Sein Wappen zeigte drei Pferdepramen", erklärt der Vorsitzende der Stiftung Schalker Markt. Pferdepramen sind altertümliche Geräte, die im Mittelalter zur Zähmung von Wildpferden eingesetzt wurden.

Auch wenn das aus der heutigen Perspektive angesichts des dicht besiedelten Ruhrgebiets kaum vorstellbar ist, boten die Bruchlandschaften Westfalens mit ihren sumpfigen Wäldern im Mittelalter ideale Bedingungen für Wildpferde. An den Ufern der Emscher lebten damals die aufgrund ihrer breiten Kopfform sogenannten Emscherbrücher Dickköppe. Kurzbeinige, aber äußerst kräftige Tiere, die als Reit-, Arbeits- und Militärpferde geeignet waren und bei Treibjagden von Pferdefängern eingefangen wurden. Das Recht, die Emscherbrücher Dickköppe zu jagen, hatte insbesondere der ansässige Landadel: ein Privileg, das, wie man aufgrund des Wappens annehmen darf, auch Heinrich von Schalke besaß. Verkauft wurden die Wildpferde auf lokalen Märkten. Einer der bekanntesten Pferdemärkte fand jährlich in Crange statt. Hieraus entwickelte sich im Laufe der Jahrhunderte die „Cranger Kirmes", heute das größte Volksfest im Ruhrgebiet.

„August Schalke war der letzte Eigentümer des Hofes Schalke."

1604 endete laut Olivier Kruschinski die adelige Ära der Familie Schalke mit Bernhard von Schedelich. Schalke wurde zu einem ganz normalen Familiennamen, der sich höchstwahrscheinlich von der ursprünglichen Lage des Dorfes Schalke herleitet, zu dem neben dem Gut noch zwei oder drei kleinere Höfe gehörten. Die Parzellen und Fluren lagen zwischen der heutigen Zeppelinallee, der Holbeinstraße und dem Güterbahnhof Gelsenkirchen-Schalke-Süd. Der Hof selbst stand an der Feldmarkstraße 57, „ziemlich genau dort, wo später das Maritim-Hotel gebaut wurde", weiß der Gästeführer.

„Der Name Schalke geht auf das altdeutsche Wort *scedel* für Schädel zurück", sagt Olivier Kruschinski und erklärt: „*Scadelike* kann man als Siedlung an schädelförmiger Gegend übersetzen." Gemeint war

die ursprüngliche Erhebung des Geländes, auf dem sich der Gutshof befand. Heute ist hiervon aufgrund des Bergbaus kaum noch etwas zu erkennen.
Warum sich die ersten Schalker einen Hügel aussuchten, um sich dort niederzulassen, erklärt Kruschinski so: „Die Bewohner des Hofes fanden hier höchstwahrscheinlich Schutz vor den Emscherzuflüssen, die auch an dieser Stelle damals regelmäßig über die Ufer traten." Wenn Heinrich von Schalke als der erste Schalker bezeichnet werden darf, kann man August Schalke wohl den letzten Schalker nennen. 1895 verkaufte er einen Großteil seiner Ländereien an die Stadt, die auf dem Gelände des ehemaligen Gutes den heutigen Stadtgarten anlegte.

Nur neun Jahre später und noch zu Lebzeiten August Schalkes gründeten zehn junge Burschen am 4. Mai 1904 in einem Hinterhof in der Nähe des Schalker Marktes den Sportverein „Westfalia Schalke". Der Legende nach ist das die Geburtsstunde des FC Schalke 04. Der Vereinsname geht auf den Gründungsort zurück, das ist nicht nur eingefleischten Schalke-Fans bekannt. Dass es sich dabei ursprünglich um einen Familiennamen handelte, dürften aber nur die wenigsten wissen.

Maira Schröer

So geht's zum Grabstein:

Der Grabstein der Familie Schalke befindet sich auf dem evangelischen Altstadtfriedhof.

Etwas heruntergekommen steht die einst so wichtige Burg da.

26

Haus Leithe

Eine Grenzburg in lichter Gegend

Wichtig: mit *i* und nicht mit *y*, sonst landet man beim falschen Gebäude. Dem Haus Leithe im Junkerweg in Gelsenkirchen-Neustadt (und eben nicht dem Haus Leythe in der Middelicher Straße) geht es schlecht. Von Bauzäunen umringt, steht das ziemlich alte Gebäude neben einem Spielplatz, gleich in der Nähe eine Tankstelle. Als es im frühen Mittelalter erbaut wurde, hatte es eine wichtige Funktion, war Haus Leithe doch eine Wasserburg mit mehreren kleinen Gebäuden. Es sollte zum einen als Zufluchtsort für die Bevölkerung dienen, falls marodierende Soldaten oder Banditen das Land heimsuchen. Zum anderen sollte es die Grenze sichern, denn genau hinter dem Flüsschen Leithe begann das Reichsstift Essen.

Der Fluss gab nicht nur dem Haus seinen Namen, sondern auch dem Adelsgeschlecht, das 1158 mit Dietrich de Liehta das erste Mal urkundlich erwähnt wird. Hier verleiht ihm der Abt in Deutz den Oberhof. Günter Höfken schreibt in seinem Aufsatz *Aus der Geschichte des Deutzer Oberhofs Schulte-Herveling in Leithe*: „Wahrscheinlich hat dieses Adelsgeschlecht schon lange Zeit vorher den Schutz des Oberhofs und die Stellung des Villicus innegehabt. Das Geschlecht wird auch schon damals auf der nördlich des Oberhofs gelegenen Wasserburg Leithe, die heute zur Stadt Gelsenkirchen gehört, einen Sitz gehabt haben [...]."

An eine trutzige Burg erinnert Haus Leithe, wie es heute dasteht, wirklich nicht. Auch Gräften – Wassergräben um die Burg herum, sind kaum auszumachen. Ein Stufengiebel kündet von einem älteren Baustil als den der umgebenden Gebäude, die Zierzinnen über dem Torhaus lassen an Mittelalter denken und der Schlussstein im Torbogen zeigt ein Wappen , die Farben sind schon längst verblasst. Es ist das Zeichen der Herren von Isselstein, einem ursprünglich holländischen Adelsgeschlecht. Es ist viergeteilt und zeigte, als es noch farbig war, in zwei Feldern rote Sparren: nach oben zeigende Winkel auf goldenem Grund. In den anderen zwei Feldern war je ein Andreaskreuz, rot-silber kariert, zu sehen. 1753 erwarb Johann Moritz von Isselstein (1725-nach 1753) Haus Leithe auf einer Auktion, zuvor hatte es Familie von Nesselrode gehört. Johann Moritz ließ das Torhaus zweistöckig ausbauen und brachte das Wappen seiner Familie an.

Viel kündet als nicht mehr von dieser kleinen Burg, die heute so auf dem Trockenen sitzt und langsam, aber sicher zerfällt. Doch dem wird bald Einhalt geboten: Immerhin sollen in Zukunft exklusive Wohnungen in den Gebäuden eingerichtet werden. Dann erstrahlt die Anlage in neuem Glanz.

Mike Durlacher

So geht's zum Haus Leithe:

Das Haus Leithe befindet sich im Junkerweg 30.

Michael Godau weiß: Der Aufstieg lohnt sich, die Aussicht auch.

27

Himmelstreppe

Fundamente kommen groß heraus

Bei diesem Ziel kann der Aufstieg noch so beschwerlich sein: Man schwebt förmlich nach oben, der Himmelstreppe entgegen. Sie ist allerdings nicht ganz so idyllisch, wie es sich anhört, besteht sie doch aus mit Graffiti besprühten Betonklötzen, die steil in den Himmel ragen.

Doch bevor der naturhungrige Wanderer überhaupt hier ankommt, hat er schon ein kleines und abenteuerliches Stück Weg hinter sich. Zum Beispiel kommt er an einer Windharfe vorbei, die aber leider nicht funktioniert. Beides, Windrad und Himmelstreppe, gehören zum sogenannten *Skulpturenpark*.

Alle Skulpturen, die gezeigt werden, haben in irgendeiner Form mit der industriellen Vergangenheit des Geländes zu tun. „Alte Betonteile, metallene Maschinenteile – wild kombiniert und zusammengestellt, sind im Wald verteilt und laden zum Entdecken ein“, ermuntert der Autor. Einmal aus dem Wald heraus, läuft der Weg spiralförmig um den Berg, woher er auch seinen Namen „Spiralberg“ erhalten hat.

Zu erkennen ist die künstliche Entstehung der Erhebung nicht nur an der ungewöhnlichen Form - wie auf einer Rampe laufen zwei Wege spiralförmig auf die Spitze des Berges zu. Sie zeigt sich auch darin, dass der Berg vollkommen kahl gehalten wird. Damit setzt sich der obere jüngere, geformte Teil vom unteren Teil der Halde ab, der älter und bewaldet ist. Erosionslinien ziehen sich den Hang hinunter, der aus dunkelgrauem Gestein besteht. „Das ist Absicht, als *Schwarzer Berg* erinnert er so an die Herkunft der Halde aus dem Kohlebergbau“, erklärt Godau. „Und wenn man diesen Kohleberg, der in seinem Innern glüht, erklommen hat, wird man mit der Himmelstreppe belohnt.“ Ihren Namen hat das im unteren Drittel über und über mit Graffiti besprühte Gebilde wegen seiner Höhe von immerhin 26 Metern.

„Das Besondere, und das wissen nur Menschen, die sich mit dem Bauwerk und seinem Erschaffer Hermann Prigan befassen, ist, dass das Gebilde an der Spitze aus alten Fundamenten der Zeche Rheinelbe besteht“, klärt Godau auf. Prigan (1942-2008) war unter anderem ein Landschaftskünstler, der alte Bauten oder Bauteile unter ökologischen Gesichtspunkten wiederverwendete und sie in die Natur einband: Die Kunstwerke sollten „Geoglyphen“ sein. Die Steine der Himmelstreppe sind zweckentfremdet und in die Landschaftskunst integriert worden.

Diese Fundamente tragen heute keine schweren Gebäude mehr, sie tragen nur noch den Himmel über sich, diese Säulen der Erde.

Mike Durlacher

So geht's zur Himmelstreppe:

Die Himmelstreppe befindet sich auf der Spitze des Spiralberges auf der Halde Rheinelbe an der Leithestraße.

Massiv und ehern: das Zahnrad von Gelsenguss.

28

Zahnrad

Koloss auf Wanderschaft

Es sieht etwas verloren aus, das tonnenschwere Objekt, das da auf der Grünfläche zwischen dem vielbefahrenen Junkerweg und der Hattinger Straße in der Nähe des Wissenschaftsparks steht. Aber deshalb ist es nicht weniger auffällig: Wegen seiner Größe, seiner offensichtlichen Massivität und seiner Farbe kann man es gar nicht übersehen! In Rot und Blau steht es stoisch auf einem nicht minder massiven Betonsockel. „Es handelt sich hierbei um ein Zahnrad vom ehemaligen Gussstahlwerk Gelsenkirchen, auch *Gelsenguss* genannt“, weiß Dr. Daniel Schmidt, Mitarbeiter des Instituts für Stadtgeschichte Gelsenkirchen. Die Dimensionen dieses Paradestücks Gelsenkirchener Industrieschaffens lassen erahnen, wie riesig die Maschine gewesen sein muss, für die dieses Zahnrad bestimmt war: Es misst vier Meter im Durchmesser und wiegt unglaubliche 23 Tonnen, die Nabe in der Mitte ist immerhin fast einen halben Meter groß. Gewaltig! Die Frage, wo die Maschine für dieses monströse Zahnrad steht und wie es auf die Wiese beim Junkerweg kam, kann durch einen Blick in die Vergangenheit Gelsenkirchens weitgehend – wenn auch nicht vollständig – beantwortet werden.

Hergestellt wurde das Zahnrad von der Gelsenkirchener Gussstahl- und Eisenwerke AG, die ihre bescheidenen Anfänge 1861 in einer kleinen Nagelschmiede hatte, als Gelsenkirchen gerade einmal circa 2.300 Einwohner zählte. Die Brüder Hermann (1820-1886) und Johann Strassburger wandelten die kleine Schmiede zu einer Eisengießerei um. Vier Jahre später stieg der Industrielle Wilhelm Munscheid (1839-1913) als Kapitalgeber in die Firma ein. Gemeinsam mit Hermann Strassburger gründete er zusätzlich das *Gussstahlwerk Munscheid & Co.* unweit der alten Eisengießerei. Mit 46 Angestellten produzierte das Werk circa 1.000 Tonnen Stahl – und es hatte Erfolg: Schon elf Jahre später hatte sich die Zahl der Mitarbeiter verdreifacht.

Kaum vorstellbar, wie groß die Maschine zu diesem Zahnrad gewesen sein muss.

Als Hermann Strassburger schließlich altersbedingt aus der Geschäftsleitung ausstieg, benannte Munscheid das Unternehmen um und gründete schließlich 1889 die Gelsenkirchener Gussstahl- und Eisenwerke AG, deren Gelände heute den Wissenschaftspark Gelsenkirchen beherbergt, und vereinigte damit die Eisengießerei und das Gussstahlwerk. In dem ehemaligen Verwaltungsgebäude von 1919 befindet sich heute das NRW-Zentrum für Talentförderung. Das Gussstahlwerk wurde 1930 in Ruhrstahl AG - Gelsenkirchener Gussstahlwerke umbenannt und wurde in diesem Jahr Teil der Vereinigten Stahlwerke AG.

Unter dem neuen Namen *Gelsenguss* produzierte die Firma, deren alter Spitzname „Munscheid“ sich vom Nachnamen des Eigentümers abgeleitet hatte, das besagte Zahnrad. Ursprünglicher Bestimmungsort für dieses riesige Maschinenteil war das oberschlesische Gleiwitz, heute Gliwice in Polen. Dort sollte es in einer großen Walzanlage zum Einsatz kommen. Die fachlich korrekte Bezeichnung dafür ist *Kammwalze*. Selbst angetrieben über eine Welle, bewegt sie, meist über Kupplungen, die eigentlichen Arbeitswalzen. Arbeitswalzen sind diejenigen Walzen, die direkt mit dem Material in Kontakt kommen und es in mehreren Arbeitsschritten auf die gewünschte Dicke herunterwalzen. Oft werden sie von vergleichsweise sehr viel dickeren Stützwalzen gestützt, um gleichmäßigen Druck aufbauen zu können und eine Verformung der Arbeitswalzen zu verhindern.

„Es handelt sich hierbei um ein Zahnrad vom ehemaligen Gussstahlwerk Gelsenkirchen, auch Gelsenguss genannt.“

Aber zurück zum Zahnrad. Da es im Junkerweg steht, hat es seine Reise nach Gleiwitz offensichtlich nicht angetreten – was am Zeitpunkt der Herstellung liegt. Gegen Ende des Zweiten Weltkriegs eroberte die Rote Armee im Zuge der Winteroffensive Ende Januar 1945 Oberschlesien und damit auch Gleiwitz. Infolgedessen war die Auslieferung der bestellten Ware nicht mehr möglich und nach dem Krieg hinfällig.

Hergestellt war die Kammwalze also, nur gab es keinen Abnehmer mehr. Und da Zahnräder in dieser Größenordnung Einzelstücke sind, war die Aussicht, einen neuen Käufer dafür zu finden, verschwindend gering. 1950 ergab sich dann doch noch eine Gelegenheit, das Zahnrad zu verwenden. Nicht, wie ursprünglich geplant, in einer schweren Maschine, sondern als Schaustück für das Können Gelsenkirchener Stahlarbeiter: Am 3. April wurde das Maschinenteil unter den Augen Hunderter Zuschauer und der Wochenschau aufgestellt. Mittels eines Spills, einer Hebevorrichtung der Deutschen Bahn, die 135 Tonnen heben konnte, platzierte man es vor dem Hotel zur Post am Hauptbahnhof. Der Anlass hierfür war die erste Nachkriegs-Industrieausstellung in Gelsenkirchen.

Schon der Transport des Rads war eine Herausforderung gewesen. „Wegen zu niedriger Brücken musste es liegend auf einem Schwerlastzug an seinen neuen Bestimmungsort gebracht werden, was das Aufstellen wiederum nicht gerade vereinfachte", erklärt Schmidt. Doch ein Jahr später musste es schon wieder weichen. Der Bahnhofsvorplatz sollte umgestaltet werden, der Koloss war im Weg. Mit einem Preisausschreiben wurde ein neuer Aufstellungsort gesucht, dem Gewinner winkten 100 Mark. Wer der Glückliche war, ist nicht bekannt. Bekannt allerdings ist, dass das Zahnrad am 23. Juli 1951 nach Gelsenkirchen-Ückendorf auf den Ückendorfer Platz, einen der ältesten Plätze Gelsenkirchens, umzog. Und zwar ganz ohne großes Aufsehen. Hier muss es auch seinen bunten Farbanstrich bekommen haben, denn auf einem Foto von 1957 ist es bereits bunt zu sehen.

Nun wird es ruhig um das Maschinenteil – bis auf eine kleine Erwähnung in einem Artikel der WAZ am 31. August 1982. Da stand das Zahnrad aber schon an seinem heutigen Standort am Junkerweg. Und niemand weiß mehr, wie es vom Ückendorfer Platz dort hingekommen ist. „Es liegen weder Akten, Zeitungsberichte noch sonstige Unterlagen dazu vor", kommentiert der Mitarbeiter im Archiv die Gelsenkirchener Gedächtnislücke. Dieses Geheimnis will das Zahnrad einfach nicht preisgeben! Immerhin: Es steht heute ganz in der Nähe seines Entstehungsortes und kündet stumm von der einst florierenden und leistungsstarken Stahlindustrie Gelsenkirchens.

Mike Durlacher

So geht's zum Zahnrad:

Das Zahnrad steht auf der Grünfläche Ecke Junkerweg / Hattinger Straße.

Stephan Haas weiß von dem Beinahe-Zusammentreffen.

29

Schloss Berge

Knapp verpasst!

Wenn diese zwei Herrschaften sich persönlich begegnet wären, was hätte das für die Geschichte Europas bedeutet! Der eine war geschlagen und gedemütigt, dem russischen Winter unterlegen. Der andere besiegelte den Untergang des ersten drei Jahre später in einer der berühmtesten Schlachten der europäischen Geschichte. Der eine ist Napoleon Bonaparte (1769-1821), der andere Gebhard Leberecht von Blücher (1742-1819). Und eben diese beiden wichtigen Akteure auf den europäischen Kriegsschauplätzen der napoleonischen Ära sollen sich nur um wenige Tage in Gelsenkirchen verpasst haben. „Genauer gesagt: auf Schloss Berge im heutigen Gelsenkirchen-Buer", weiß Stephan Haas, Stadtführer und Ruhrgebietskenner.

Napoleon war, seiner ausgebluteten Armee weit voraus, gerade auf dem Rückweg nach Frankreich. Kaum etwas war geblieben von der Grande Armée, mit deren 600.000 Mann er nach Russland aufgebrochen war, um das Zarenreich in die Knie zu zwingen. Den Engländern konnte Napoleon wegen deren starker Marine nicht beikommen, und als Russland auch noch aus der Kontinentalsperre austrat, mit der Napoleon England aushungern wollte, erklärte er Russland den Krieg, der als sechster Koalitionskrieg in die Geschichte einging.

Doch der russische Winter machte ihm einen Strich durch die Rechnung, durch Hunger und Kälte wurde die Grande Armée stark dezimiert. Der Kaiser floh am 5. Dezember 1812 in Richtung Paris, um eine neue Armee aufzubauen. Er kam durch das Ruhrgebiet und dabei auch durch das von ihm 1811 zum Amt erhobene Buer.

Bei diesem schönen Schloss ist es kein Wunder, dass diese wichtigen Personen hier abstiegen.

Hier, südlich des Buerer Bergs gelegen, befindet sich noch heute das Schloss Berge, auch Haus Berge genannt, das erstmals 1248 erwähnt wird. „Und eben 1812 waren angeblich sowohl Napoleon als auch von Blücher im Schloss Berge zu Gast, der eine verdrießlich, der andere vergnüglich“, erzählt Haas. Wie lange der geschlagene Franzosenkaiser geblieben sei, ist nicht bekannt. Blücher, seit 1801 preußischer Generalleutnant, blieb ein paar Tage. Zeit hatte er, war er doch im Jahr zuvor auf Drängen Napoleons abberufen worden. Der Grund: Dem patriotischen General passte es so gar nicht, dass Preußen nach der Niederlage von Jena und Auerstedt 1806 zu dieser Zeit noch offiziell mit Frankreich verbündet war. Seit 1809 hatte er nichts unversucht gelassen, seinen König Friedrich Wilhelm III. von Preußen (1770-1840) dazu zu bewegen, gegen Frankreich in den Krieg zu ziehen. Das war am preußischen Hof wegen der französischen Besatzung nicht gerne gesehen – Blücher musste 1811 den Dienst verlassen und hatte sich künftig von Berlin fernzuhalten.

Und so kam es, dass er vermutlich wenige Tage nach Napoleon im Schloss Berge saß und mit der Schlossherrin Karten spielte, den ausgedehnten Weinkeller begutachtete und am nächsten Tag mit einigen Adligen aus der Umgebung zur Jagd aufbrach. Das war eine willkommene Ablenkung von seiner Abberufung aus Berlin und dem Tun und Lassen seines Erzfeinds Napoleon.

„Und eben 1812 waren angeblich sowohl Napoleon als auch von Blücher im Schloss Berge zu Gast, der eine verdrießlich, der andere vergnüglich.“

Unterschiedlicher hätten diese zwei Besuche nicht sein können, denn Napoleon hastete zurück nach Paris, um seine Wunden zu lecken, und soll auf Schloss Berge nur gehalten haben, um zu schlafen, seine Laune war sicher nicht die beste.
Und was hätte passieren können, wenn der Franzose auf den preußischen General der Kavallerie getroffen wäre, das kann man sich nur ausmalen. Wären sie sich gegenseitig an die Gurgel gesprungen? Oder hätten sie sich zu einer Partie Schach niedergesetzt, um das Schicksal Europas stellvertretend und unblutig auf dem Schlachtfeld des Schachbretts auszutragen?

Mike Durlacher

So geht's zum Schloss Berge:

Schloss Berge befindet sich in der Adenauerallee 103.

Der ehemalige stellvertretende Leiter des Stadtplanungsamtes Dr. Lutz Heidemann ist sich sicher, dass der Künstler hinter den steinernen Figuren Hubert Nietsch ist.

30

Figuren

Die steinernen Grundschüler

Über dem Eingang der Gemeinschaftsgrundschule am Fersenbruch im Stadtteil Heßler wurden drei große Steinplatten mit fast vollplastischen Figuren angebracht: Ein Mädchen, das eine Tafel in der Hand hält, und zwei Jungen, von denen der eine aufzeigt und der andere in einem Buch liest. Die drei sitzen jeweils hinter einer Schulbank. Nun könnte man sich fragen, was an einem Kunstwerk mit drei steinernen Schülern an einer Grundschule besonders sein soll. Schließlich gibt es kein stimmigeres Motiv: Auch die beiden Trichter, die links und rechts neben den Figuren stehen und von denen der eine mit Zahlen und der andere mit Buchstaben gefüllt ist, passen natürlich zum Thema Bildung und doch bringen sie den Betrachter ins Grübeln.

„Da muss man doch sofort an den *Nürnberger Trichter* denken", sagt der ehemalige stellvertretende Leiter des Stadtplanungsamtes

Dr. Lutz Heidemann. Ein Begriff, der eher scherzhaft gemeint ist und die Vorstellung beschreibt, ein Schüler könne sich einerseits ohne großen Aufwand Lerninhalte eintrichtern lassen und ein Lehrer andererseits auch dem Dümmsten alles beibringen.

Kaum jemand kennt die historische Bausubstanz der Stadt besser als Lutz Heidemann. „Der Künstler hinter den Steinfiguren ist Hubert Nietsch", sagt der frühere Stadtplaner und engagierte Denkmalschützer. Die Ähnlichkeit mit Bronzereliefs am Rathaus Buer, die ebenfalls von diesem Bildhauer stammen, sei unverkennbar. Hubert Nietsch (1893-1965) gehörte zu den Gründungsmitgliedern der Künstlersiedlung Halfmannshof, die es bis heute im Stadtteil Ückendorf gibt. Von ihm stammen viele bekannte Skulpturen in Gelsenkirchen. Nietsch war aber kein unumstrittener Künstler. Während der Diktatur der Nationalsozialisten nahm er wie viele andere Mitglieder der Künstlersiedlung Halfmannshof zahlreiche Aufträge für NS-Propaganda an.

Eine evangelische Volksschule gab es an dieser Stelle seit den 1880er-Jahren. Die steinernen Grundschüler schuf Hubert Nietsch Anfang der 1950er-Jahre. Sie gehören zu einem jüngeren, schlichten, klinkerverkleideten Flügel, der 1953 entstanden ist, während ein historischer, älterer Teil genau wie das Hausmeisterhäuschen aus dem Jahr 1914 stammen. Dass die Figuren ausgerechnet hier zu finden sind, ist für Lutz Heidemann wenig überraschend. „1950 wurde vom Deutschen Städtetag die schon in den 1920er-Jahren formulierte Verpflichtung zu *Kunst am Bau* erneuert", erklärt er. Bei öffentlichen Bauvorhaben sollte etwa ein Prozent der Bausumme für Werke der bildenden Künste verwendet werden. „Die Stadt Gelsenkirchen hat das damals ziemlich konsequent umgesetzt".

Die 1950er-Jahre waren auch in der Ruhrmetropole durch den wirtschaftlichen Aufschwung der Nachkriegszeit geprägt. Die Kohle- und Stahlindustrie boomte und verlangte nach immer mehr Arbeitskräften. Die Bevölkerung wuchs. „1958 zählte Gelsenkirchen knapp 400.000 Einwohner", sagt Lutz Heidemann. Heute sind es noch rund 260.000. Wie an so vielen Stellen in der Stadt wurde auch in Heßler Steinkohle abgebaut. Mit der Belegschaft der Zeche

Wilhelmine Victoria nahm auch die Einwohnerzahl des Stadtteils zu. „Die Schule musste vergrößert werden", sagt der Diplom-Ingenieur der Architektur und promovierte Sozialwissenschaftler. Denn die neuen Bewohner kamen zwar wegen der Arbeitsplätze, aber sie brauchten logischerweise auch Wohnungen und ihre Kinder sollten zur Schule gehen.

Die Konsequenz: Es wurde gebaut oder eben wie im Fall der Grundschule am Melanchthonplatz angebaut. Ob dem Bauherrn, also der Stadtverwaltung, der spöttische Unterton des neuen Fassadenschmucks bewusst war, weiß allerdings auch Lutz Heidemann nicht. Schließlich wird der Nürnberger Trichter bis heute immer wieder herangezogen, wenn es darum geht, eine Form der Pädagogik zu kritisieren, die einfach nur Unmengen an Wissen in die Schüler hineinpressen will. Möglicherweise sah man das beim Bau der Schule in der 1950er-Jahren noch ein bisschen anders.
Denkbar wäre aber auch, dass die überspitzte Botschaft gewollt war. So wie es den Brauch gibt, grimmige Fratzen an Häusern anzubringen, um böse Geister abzuwehren, könnte man den Trichter als Motiv gewählt haben, um genau so eine Form der Pädagogik von der Schule fernzuhalten.

Eines ist jedenfalls sicher: Heute möchte an der Gemeinschaftsgrundschule ganz sicher niemand mehr den Schülern Zahlen und Buchstaben eintrichtern.

Maira Schröer

So geht's zu den Figuren:

Die Gemeinschaftsgrundschule am Fersenbruch liegt am Melanchthonplatz in Heßler. Wenn man den Vorplatz der Schule von der Straße Am Fersenbruch aus überquert, läuft man direkt auf den Eingang zu mit den Verzierungen aus Stein.

Die Ziffern der Turmuhr von St. Michael sind eigenwillig angeordnet. Sie zeigen mal mit dem Fuß- und mal mit dem Kopfende zum Zentrum des Blattes.

31

Turmuhr

Ein eigenwilliges Ziffernblatt

Aus der Ferne wirkt St. Michael wie eine ganz normale Kirche. Schaut man sich das katholische Gotteshaus im Stadtteil Hassel allerdings genauer an, fallen einem viele Unstimmigkeiten auf. Rolf Schäfer kennt sie alle. Er ist Mitglied im Förderverein der Kirche und hat sich intensiv mit ihrer Geschichte und Architektur befasst.

Da wäre zum Beispiel die recht eigenwillige Anordnung der Ziffern auf der Turmuhr. Hierzu muss man wissen, dass die Ziffern alter Turmuhren meist auf das Zentrum des Ziffernblatts hin ausgerichtet waren. Der Ablauf der von Gott geschenkten Zeit sollte so verdeutlicht werden. Im Unterschied dazu sind die Ziffern moderner Uhren in der Regel so angeordnet, dass man sie in erster Linie gut ablesen kann.

Die Kirchturmuhr von St. Michael folgt aber weder dem einen noch dem anderen Prinzip konsequent. Nur die Ziffern „6“ und „12“ stehen aufrecht und sind somit normal lesbar. Alle anderen Ziffern sind aus Sicht des Betrachters um 30, 60 oder 90 Grad gedreht und zeigen somit entweder mit dem Fuß- oder mit dem Kopfende zum Zentrum des Ziffernblattes.
Eine wirkliche Erklärung gibt es laut Rolf Schäfer für diese ungewöhnliche Darstellungsweise nicht. Der Kirchenkenner vermutet aber, dass sie von den Bauherren gewählt wurde, weil sie perfekt zum Rest der Kirche passt. Denn diese Eigenwilligkeit zieht sich wie ein roter Faden durch das gesamte Bauwerk. „An dieser Kirche ist einfach alles anders“, sagt Rolf Schäfer.

Schon das Baujahr überrascht. St. Michael wurde in den Jahren 1915 bis 1917 gebaut – folglich mitten im Ersten Weltkrieg. Hierfür gibt es laut Rolf Schäfer aber eine recht simple Ursache: Auf dem Grundstück stand zu dieser Zeit bereits eine Notkirche. Doch mit den beiden Zechen Bergmannsglück und Westerholt wuchs auch die Bergarbeitergemeinde Hassel „und die Kirche platzte aus allen Nähten“, erläutert er.

Rolf Schäfer ist Mitglied im Förderverein der Kirche. Er kennt die vielen Besonderheiten von St. Michael.

Ungewöhnlich ist aber vor allem die Architektur von St. Michael. Der imposante Ziegelbau setzt sich aus einem großen Kirchenschiff mit vielen kleineren und größeren Anbauten zusammen: so zum Beispiel dem schmuckvollen Kirchturm, einem Rundbau sowie einer Säulenhalle. Die Fenster, mal rund, mal quadratisch, mal rechteckig sind beinahe chaotisch angeordnet. Symmetrie sucht man in dieser Kirche vergeblich. Der Grund für dieses scheinbare Durcheinander ist laut Rolf Schäfer aber keinesfalls Willkür.

Im Gegenteil, die Verantwortlichen hatten eine klare Vorstellung, wie die Kirche aussehen sollte. Der Bau wurde laut Rolf Schäfer von dem Pfarrer, der Gemeindevertretung und dem Kirchenvorstand in Auftrag gegeben. Auch das Bistum musste den Plänen für den Kirchenneubau natürlich zustimmen. „Man wollte eine Kirche, die sich in den Stadtteil einfügt", sagt der Kirchenkenner. Und das ist gelungen: Viele Details, die das Gotteshaus so besonders erscheinen lassen, findet man auch an den verwinkelten Häusern der benachbarten Zechensiedlung mit ihren tief heruntergezogenen Dächern, diversen Anbauten und verschiedenen Fenster- und Türformen wieder.

„Man wollte eine Kirche, die sich in den Stadtteil einfügt."

Die Architekten von St. Michael waren Ernst Brand (1869-1948), Diözesanbaumeister in Trier, und Ernst Stahl (1882-1957), aus Düsseldorf, der sich mit der Restaurierung rheinischer Burgen einen Namen machte. Auch mit dieser Wahl bewiesen die Verantwortlichen wieder eine gewisse Eigenwilligkeit. Schließlich hätte sich sicher auch in Gelsenkirchen beziehungsweise im seinerzeit zuständigen Bistum Münster ein Architekt dazu bereitgefunden, die Kirche zu planen.

Dass die beiden Herren aus Trier und Düsseldorf und alle am Bau der Kirche Beteiligten experimentierfreudig waren, erkennt man nicht nur an der ungewöhnlichen Turmuhr, die durch ihre Zifferndarstellung mit jeder Konvention bricht: Über das gesamte Hauptschiff von St. Michael spannt sich gemäß Planung des Architektenteams ein Stahlbetongewölbe, das mit dem ebenfalls aus Stahlbeton gegossenen Dachstuhl verbunden ist. „Das ist sehr ungewöhnlich", sagt Rolf Schäfer. Es hat aber einen guten Grund: Die Architekten wollten mit dieser stabilen Konstruktion möglichen Bergbauschäden vorbeugen.

So zieht sich der rote Faden der Besonderheiten durch das gesamte Gebäude und sogar bis ganz hinauf in den Kirchturm. Denn hier, quasi auf der Rückseite der eigenwilligen Ziffernblätter, verborgen im Inneren des Turms, befindet sich ein weiteres außergewöhnliches Detail: ein noch aus der Entstehungszeit der Kirche erhaltenes Uhrwerk. Es stammt aus dem Jahr 1921 und wurde von der Recklinghäuser Firma Bernard Vortmann, einem der seinerzeit bedeutendsten Turmuhrenhersteller Deutschlands, gebaut.

„An dieser Kirche ist einfach alles anders."

„Und wie das bei dieser Kirche so üblich ist, gibt es auch bei dem Uhrwerk wieder eine Besonderheit", verrät Rolf Schäfer. Es handelt sich um die früheste Version einer Turmuhr mit frei schwingendem Pendel und automatischem elektrischen Gewichtsaufzug über Endlosketten, die in Serie gegangen ist. Hochmodern also zur Zeit des Kirchenbaus, und in punkto Ganggenauigkeit kann sie es laut Rolf Schäfer sogar mit den elektrischen Uhren von heute aufnehmen.

Anfang der 1990er-Jahre wurde das Uhrwerk dennoch stillgelegt und seine Funktionen wurden von einer elektronisch gesteuerten Funkuhr übernommen. Es blieb aber im Turm, wo es Rolf Schäfer 2007 gemeinsam mit ein paar Mitstreitern per Zufall hinter einem Bretterverschlag entdeckte. Der Förderverein der Kirche entschied, das Uhrwerk restaurieren zu lassen.

Seit 2008 erstrahlt das faszinierende Räderwerk wieder in altem Glanz und wartet hinter gläsernen Schranktüren auf seinen Einsatz als Demonstrationsobjekt bei Turmführungen und als mögliches Reserveuhrwerk. St. Michael ist eben immer für eine Überraschung gut.

Maira Schröer

So geht's zur Turmuhr:

Die Kirche St. Michael steht an der Kreuzung Valentinstraße / Sankt-Michael-Straße im Zentrum von Hassel.

Der ehemalige Bunkerbeauftragte Reinhard Lindt weiß, welche besondere Funktion dem Hochbunker nach dem Zweiten Weltkrieg zukam.

32

Bunker

Schutzraum im Dornröschenschlaf

Es ist ein gewaltiger Koloss aus Beton, der sich hinter dichtem Efeubewuchs auf dem Grundstück an der Bülsestraße 67 versteckt. Allein schon die Außenmauern des Hochbunkers sind zwei Meter dick, und das Dach hat eine Stärke von 80 Zentimetern.

„1.550 Menschen hätten hier im Ernstfall Schutz gefunden", sagt Reinhard Lindt. Mit „Ernstfall" meint der ehemalige Teamleiter Bevölkerungsschutz bei der Feuerwehr jedoch nicht die schweren Luftangriffe auf Gelsenkirchen im Zweiten Weltkrieg. Der Hochbunker wurde zwar 1942 aus diesem Grund gebaut, und viele Bewohner des Stadtteils Buer haben sich hier bis zum Ende des Krieges auch immer wieder vor den Bomben in Sicherheit bringen können. Reinhard Lindt spricht aber über die Zeit nach dem Zweiten Weltkrieg.

Als Bunkerbeauftragter war er bis 2012 für die Schutzräume im Stadtgebiet zuständig. In seinen Aufgabenbereich fielen auch fünf Hochbunker, denen eine besondere Funktion zukam. „Sie wurden für den Zivilschutz wiederhergerichtet", sagt der städtische Angestellte im Ruhestand und erläutert: „Beim Zivilschutz geht es im Unterschied zum Katastrophenschutz immer um eine militärische Auseinandersetzung, also um den Verteidigungsfall."

Die Weisung, die Bunker für den Zivilschutz nutzbar zu machen, kam vom Bund, der auch die Finanzierung übernahm. Vor dem Hintergrund des Kalten Krieges verabschiedete der Bundestag am 9. September 1965 das *Gesetz über bauliche Maßnahmen zum Schutz der Zivilbevölkerung*, kurz Schutzbaugesetz. Darin ist unter *§3 Beschaffenheit der Schutzräume* zu lesen: „Die Schutzräume müssen gegen herabfallende Trümmer, gegen radioaktive Niederschläge, gegen Brandeinwirkungen sowie gegen biologische und chemische Kampfmittel Schutz gewähren [...]".

Reinhard Lindt erzählt: „Eine Gruppe von Inspektoren hat zunächst alle Hochbunker in Gelsenkirchen begutachtet." Fünf wurden schließlich für den Zivilschutz ausgewählt.

Am 15. November 1982 begannen die Bauarbeiten am Hochbunker an der Bülsestraße. Die Wände wurden von innen neu verputzt, ein Belüftungssystem installiert, Strom- und Wasserleitungen verlegt und Toiletten eingebaut, zählt Reinhard Lindt die einzelnen Maßnahmen auf, die den Bund insgesamt rund 937.000 Mark kosteten. Bei einer tatsächlichen Evakuierung hätten noch Betten aufgestellt und Vorräte eingelagert werden müssen. Doch so weit kam es zum Glück nie. „Wir mussten die Hochbunker nie in einen Ad-hoc-Nutzungszustand bringen", sagt der ehemalige städtische Angestellte erleichtert.

Doch auch wenn der Hochbunker an der Bülsestraße nach dem Zweiten Weltkrieg nie wieder als Schutzraum genutzt wurde, musste Reinhard Lindt dort regelmäßig nach dem Rechten schauen. Funktioniert die Technik noch? Sind die Fluchtwege frei von Gestrüpp? Einmal im Jahr stand eine Inspektion mit einem Sachverständigen an. Bis 2006 ging das so, dann war Schluss.

Denn 2007 beschloss die Innenministerkonferenz, die öffentlichen Schutzräume aufzugeben. Auf der Internetseite des Bundesamtes für Bevölkerungsschutz und Katastrophenhilfe heißt es: „Infolge der geänderten Sicherheitslage nach Ende des Kalten Krieges entsprechen die Schutzraumbauten nicht mehr den aktuellen Bedrohungsszenarien (asymmetrische Bedrohung, Naturkatastrophen, internationaler Terrorismus). Ausgehend von einem Schadenszenario ohne Vorwarnzeit können die Schutzräume der Bevölkerung keine ausreichende Sicherheit bieten."

Aber wie geht es mit den Bunkeranlagen nun weiter? Das Bundesamt für Bevölkerungsschutz schreibt dazu: „Die bestehenden öffentlichen Schutzräume werden sukzessive aus der Zivilschutzbindung entlassen und ihren Eigentümern zur uneingeschränkten Nutzung übergeben." Der Koloss an der Bülsestraße steht auf einem städtischen Grundstück, somit ist die Kommune zuständig, wie Reinhard Lindt erklärt. Ein Abriss ist teuer und einen Käufer zu finden, der das Gebäude anderweitig nutzen will, nicht leicht. Vermutlich wird sich der von Efeu überwucherte Hochbunker also noch eine ganze Weile im Dornröschenschlaf befinden.

So ganz stimmt das allerdings nicht. Das Bauwerk hat nämlich seit einigen Jahren eine wichtige Aufgabe, die nichts mit Zivilschutz zu tun hat: Auf dem Dach des Bunkers wurden zwei Sendemasten aufgestellt. „Sie unterstützen die Piloten beim Landeanflug auf den Düsseldorfer Flughafen", erklärt der ehemalige Bunkerbeauftragte. Es gibt also noch ein weiteres Geheimnis, das dieser Schutzbau hütet. Denn welche Funktion die Sendemasten haben, ist für den Laien nicht erkennbar.

Maira Schröer

So geht's zum Bunker:

Der Hochbunker steht auf dem Grundstück Bülsestraße 67 im Stadtteil Buer.

FRIEDRICH GRILLO
1825 – 1888

33

Grillo-Denkmal

Der Industriepionier und sein Andenken

Ob sich Friedrich Grillo (1825-1888) an diesem Ort wohlgefühlt hätte? Unmittelbar an der stark befahrenen Kurt-Schumacher-Straße gelegen, besticht der Grilloplatz nicht unbedingt durch Ruhe und Gemütlichkeit. „Rund 40.000 Fahrzeuge kommen hier pro Tag vorbei“, erzählt der Gästeführer Olivier Kruschinski. Über zu niedrige Besucherzahlen kann sich der Industriepionier aus dem 19. Jahrhundert also nicht beklagen. Die meisten der im Sekundentakt vorbeirauschenden Autofahrer dürften das dem Unternehmer zu Ehren errichtete Denkmal aber kaum wahrnehmen.

Dabei hat die Stadt Gelsenkirchen und vor allem der Stadtteil Schalke Friedrich Grillo einiges zu verdanken. „Er hat Schalke großgemacht“, sagt Olivier Kruschinski und ergänzt: „Schalke war damals ein unbedeutendes Bauerndorf. Wenig reizvoll, weil die Emscher ständig die gesamte Gegend überschwemmte.“ Und doch entschied sich der Sohn eines wohlhabenden Essener Eisenwarenhändlers dafür, genau hier zu investieren, lagerten doch in der Erde große Kohlevorkommen. Um diese zu fördern, brauchte es allerdings Pioniergeist, modernste Technik und viel Geld. Denn das schwarze Gold befand sich rund 150 Meter tief unter der Erde, geschützt von einer dicken, wasserführenden Gesteinsschicht. Damit sich der Aufwand lohnte, schloss Grillo mehrere kleine Grubenfelder zusammen und gründete so 1863 die Zeche Consolidation am Schalker Markt: eines seiner größten und für Gelsenkirchen wohl auch bedeutendsten Projekte.

Grillos Geschäftsmodell bestand darin, die mit dem Kohlebergbau verknüpften Folgeindustrien in der Nähe seiner Zechen anzusiedeln, um sich lange und kostspielige Transportwege zu ersparen. Der Industriepionier gründete mehrere Eisen-, Chemie- und Glasunternehmen. Während die Eisenindustrie auf den aus der Kohle

Olivier Kruschinski erinnert an die große Bedeutung Friedrich Grillos für den Stadtteil.

gewonnenen Koks angewiesen war, nutzte die Chemieindustrie das bei der sogenannten Verkokung entstehende Kokereigas, um chemische Produkte wie Ammoniak oder später auch Benzol herzustellen. Die Glasindustrie wiederum benötigte die Kohle für ihre Brennöfen. Das einstige Bauerndorf Schalke verwandelte sich so in ein boomendes Wirtschaftszentrum.

Durchaus nachvollziehbar also, dass die Bewohner des Stadtteils Friedrich Grillo nach seinem Tod am 16. April 1888 ein Denkmal setzen wollten. Der Bonner Bildhauer Albert Küppers (1842-1929) entwarf eine überlebensgroße Grillo-Büste, die auf einem Bronzebrunnen thronte. Rechts und links davon hielten ein Bergmann und ein Eisenhüttenschmied Ehrenwache. Am 24. Juli 1898 wurde das Denkmal feierlich enthüllt. „Der Grillo-Brunnen stand mitten auf dem Schalker Markt", erzählt Olivier Kruschinski, der bereits mehrere Bücher über den Stadtteil und seinen gleichnamigen Lieblingsfußballverein geschrieben hat. Von hier aus hatte Friedrich Grillo die von ihm gegründeten Industriewerke bestens im Blick. Warum also musste das Unternehmer-Denkmal dann an die Kurt-Schumacher-Straße umziehen?

Bei der Büste, die heute auf dem Grilloplatz zu finden ist, handelt es sich um eine Kopie des ursprünglichen Denkmals.

„Der Brunnen wurde im Zweiten Weltkrieg fast vollständig zerstört", sagt der Gästeführer. Zunächst wurden Teile des Denkmals für die Rüstungsindustrie eingeschmolzen, der Rest später bei den Luftangriffen auf Gelsenkirchen schwer beschädigt. Nur die Büste hat den Krieg überstanden, wenn auch stark verbeult. Sie wurde in der Empfangshalle des Walzwerks Grillo-Funke aufgestellt. „Die Grillo-Werke gibt es noch", erläutert der Schalke-Kenner. Ihr Firmensitz befindet sich in Duisburg.

Bei der Büste, die heute auf dem Grilloplatz zu finden ist, handelt es sich um eine Kopie. Sie wurde Anfang der 1950er-Jahre nach dem Vorbild des ersten Denkmals von dem Stuttgarter Bildhauer Hans Retzbach (1887-1976) angefertigt. Seit 1965 steht das Denkmal auf dem Grilloplatz an der Ecke Grillo- und Kurt-Schumacher-Straße. Die Wahl des Standortes erklärt Olivier Kruschinski so: „Friedrich Grillo blickt auf seine Kirche." Auf der anderen Straßenseite befindet sich die katholische Kirche St. Joseph – und das Grundstück, auf dem das Gotteshaus steht, wurde von Friedrich Grillo gestiftet. Denn der Unternehmer investierte in Schalke nicht nur in die Industrie, sondern auch in eine funktionierende Infrastruktur mit wichtigen Straßen, Gas- und Wasserwerken und eben auch verschiedenen gemeinnützigen Einrichtungen wie Schulen, Kindergärten oder Kirchen.

Ob es Friedrich Grillo heute auf dem Schalker Markt besser gefallen würde als an der stark befahrenen Kurt-Schumacher-Straße, ist fraglich. Der fehlende Brunnen ist nicht das einzige, was sich seit dem 19. Jahrhundert an diesem Ort verändert hat, so wird das einstige Zentrum des Stadtteils inzwischen als Parkplatz genutzt.

Vielleicht hätte sich Friedrich Grillo daran aber überhaupt nicht gestört, schließlich war er kein Mensch, der die Vergangenheit glorifizierte. Er glaubte an den technischen Fortschritt und war mutig genug, in neue Ideen zu investieren. Ein rastloser Geist, der immer nach neuen, innovativen Geschäftsmodellen suchte. Vielleicht hätte er sich deshalb sogar auf dem ruhelosen Platz an der Kurt-Schumacher-Straße wohlgefühlt, auf dem seine Büste heute steht.

Maira Schröer

So geht's zum Grillo-Denkmal:

Der Grilloplatz, auf dem sich das Denkmal befindet, liegt an der Kreuzung Grillostraße und Kurt-Schumacher-Straße.

Klare Linien, schlicht aber elegant: das südliche Maschinenhaus von Schacht 9.

34

Maschinenhaus

Ihr geht die Puste nicht aus

Es hätte auch ein schnöder brauner Kasten sein können. Aber selbst ein Zweckbau wie ein Maschinenhaus kann repräsentativ sein: Klare Linien, schlichte Eleganz. Gemeint ist das südliche Maschinenhaus des Schachtes 9 der Zeche Consolidation in Bismarck. Von außen ist es als solches erst einmal nicht erkennbar, nur die unmittelbare Nähe zum mächtigen Förderturm lässt einen funktionalen Zusammenhang erahnen. Worum es sich dabei handelte, darüber hätte früher das Stahlseil, das vom Maschinenhaus hoch hinauf in die Spitze des Förderturms lief, Aufschluss geben können. Verbunden war es mit einem wahren Schatz, der sich immer noch im Innern des Gebäudes befindet. Allein, das Seil ist nicht mehr da – der Schatz hingegen sehr wohl. „Das Schmuckstück ist wesentlich jünger als das Gebäude, das es umgibt", erzählt Martin Gernhardt, 1. Vorsitzender des Initiativkreises Bergwerk Consolidation. Dieses Gebäude wurde zusammen mit dem Doppelbockfördergerüst 1921/22 errichtet. 1963 wurde darin eine 285 Tonnen schwere und 4.100 Pferdestärken starke Zwillingsdampfmaschine installiert – das ist der Schatz!

Die Aufgabe der großen Maschine war es, sowohl Kohle als auch Personen aus bis zu 1.286 Metern Tiefe nach oben zu befördern. Dies schaffte sie mit einer Geschwindigkeit von bis zu acht Metern pro Sekunde für Personen – die sogenannte Seilfahrt – und mit bis zu 18 Metern pro Sekunde für Güter.
Der Schacht Nummer 9, in dem die Körbe hinab- und hinaufrauschten, wurde ab 1915 im Ersten Weltkrieg abgeteuft. So bezeichnet die Fachsprache die Niederbringung eines senkrechten Schachtes. „1917 wurden die Arbeiten aus Kriegsgründen unterbrochen, nach 1918 aber wiederaufgenommen und 1922 schließlich abgeschlossen", führt Gernhardt aus. Danach entstand auch das südliche der beiden Maschinenhäuser zusammen mit dem 53 Meter hohen Doppelbockfördergerüst aus filigranen Stahlfachwerkstreben. Schon dieses Gebäude beherbergte eine Zwillingsdampfmaschine, den Vorgänger des heute noch erhaltenen Stücks von 1963. Das Gerüst ist eines der letzten dieser Art im Ruhrgebiet, ein weiteres steht noch in Moers über der Schachtanlage Rheinpreußen 4.

Von vornherein geplant, wurde die zweite, nördliche Maschinenhalle, die ebenfalls eine Zwillingsdampfmaschine beherbergt, jedoch erst 1937 errichtet. Diese nahm ihren Dienst ein Jahr später auf. Im Zweiten Weltkrieg beschädigten alliierte Bomben die Kokerei am Schacht 9 schwer, die Schachtanlagen blieben aber verschont und konnten gleich nach dem Krieg wieder in Betrieb gehen.

1963 schließlich ersetzte die Zeche die alte Dampfmaschine durch eine neue – den „Schatz", auf den Martin Gernhardt so stolz ist. Sie stammt von der Gutehoffnungshütte Oberhausen und ist eine der letzten Dampfmaschinen in dieser Größe, die in der deutschen Industrie verbaut wurde. Sicher ist, dass diese Zwillingsdampfmaschine zuverlässig ihren Dienst tat. Der Name rührt daher, dass die Maschine zwei identische Zylinder hat, deren Kolben die 53 Tonnen schwere Treibscheibe nach dem Koepe-Prinzip antrieben und die Förderkörbe bewegten.

„Das besondere an unserer Dampfmaschine hier ist, dass sie noch richtig funktioniert", führt der Vorsitzende aus und würde die Maschine auch vorführen, dafür benötige man aber drei Personen. Mit „richtig funktionieren" meint er, dass bei den meisten Dampfmaschinen, die in Museen oder Ausstellungen stehen, ein Elektromotor eingebaut ist, der die Maschinenteile bewegt. Die Maschine im südlichen Maschinenhaus der Zeche Consolidation funktioniert aber noch mit Druck auf den Kolben, nur eben mit Druckluft. „Das mechanische Prinzip ist dasselbe", so Gernhardt.

Martin Gernhardt kann diese Maschine bedienen.

Die Druckluft, die benötigt wird, um die Kolben anzutreiben, wird von einem Kompressor erzeugt, der in einem Schuppen an der Seite der Maschinenhalle steht. „Man muss allerdings andere Schmierstoffe als die verwenden, die benötigt würden, wenn man die Maschine mit Dampf betreibt", führt Gernhardt aus.

Und so kann man die Dampfmaschine immer noch in Aktion bewundern. Auch wenn sie nicht mehr tonnenschwere Förderkörbe hebt, zischen und rumpeln kann sie immer noch und verbirgt sich im Innern des schmucken Zweckbaus mit repräsentativer Architektur. Denn die Bergleute waren und sind immer noch stolz auf ihre Zeche und ihr Revier.

Mike Durlacher

So geht's zum Maschinenhaus:

Das Maschinenhaus befindet sich beim Förderturm der Zeche Consolidation.

Mit traurigem Blick schaut die Figur hinüber zum ehemaligen Finanzamt. Mit dieser Statue begrüßte das Bauunternehmen Stallmann seine neuen Nachbarn.

35

Spottfigur

Armer Steuerzahler aus Stein

Der arme Mann trägt nur ein Hemd. Er macht ein trauriges Gesicht und zeigt mit dem Finger auf das Gebäude auf der anderen Seite der Wittekindstraße. Seine Hand umklammert eine flache Geldbörse, während sein magerer Hund an ihm hochspringt. Um die Botschaft dieses Kunstwerks zu verstehen, genügt eine einzige Information. „In dem Gebäude auf der anderen Straßenseite war ursprünglich das Finanzamt untergebracht“, sagt Hildegard Schneiders. Die aus Stein gemeißelte Statue, die sich an dem Klinkerbau an der Ecke Wittekindstraße / Zeppelinallee befindet, stellt einen mitleiderregenden Steuerzahler dar, dem der Staat das Geld aus der Tasche zieht.

Hildegard Schneiders ist in der Nähe der Zeppelinallee aufgewachsen und lebt bis heute in der Gegend. Schon als Kind hat sie sich die Steinfigur bei Spaziergängen gemeinsam mit ihrem Vater angeschaut. Eine Frage blieb dabei allerdings immer offen und konnte auch bei späteren Nachforschungen zunächst nicht beantwortet werden: Gebaut hat das Gebäude die Firma Stallmann in den Jahren 1926 bis 1928. Doch welchen Bildhauer beauftragte das Bauunternehmen mit der Spottfigur für die Hausfassade, nachdem 1928 nebenan das Finanzamt entstanden war?

Die Antwort fand Hildegard Schneiders schließlich, als sie gar nicht danach suchte. Denn inzwischen weiß die Pädagogin im Ruhestand, dass hinter der Statue der Gelsenkirchener Bildhauer Hans Meier (1875-1952) steckt. Hildegard Schneiders hat sich intensiv mit dem schon fast vergessenen Künstler beschäftigt. Er wurde in Bayern geboren und kam 1907 nach Gelsenkirchen, wo er gemeinsam mit seinen beiden Söhnen Hans und Max arbeitete, die das gleiche Handwerk wie der Vater erlernt hatten.

Aus der Werkstatt Meier stammen zahlreiche Kunstwerke, die noch heute im Stadtgebiet zu finden sind. Doch Arbeiten aus Stein wie die Spottfigur an der Zeppelinallee bilden eher die Ausnahme. Im Wesentlichen schuf der Betrieb Holzschnitzarbeiten für Kirchen wie Heiligenfiguren oder Altäre. „Das brachte den Meiers auch den Namen Herrgottsschnitzerfamilie ein", erzählt die gebürtige Gelsenkirchenerin. Die imposanteste Arbeit der Künstlerfamilie ist der gemauerte Christus über der Heilig-Kreuz-Kirche an der Bochumer Straße im Stadtteil Ückendorf (siehe Geheimnis 02).

„Das brachte den Meiers auch den Namen Herrgottsschnitzerfamilie ein."

Für den Heimatbund Gelsenkirchen hat die pensionierte Geschichtslehrerin ein ganzes Heft über die Familie geschrieben. In detektivischer Kleinarbeit untersuchte Hildegard Schneiders die Spuren, die Hans Meier und seine Söhne in der Stadt hinterlassen haben. Dabei lernte sie auch den Enkel des 1952 Verstorbenen kennen. „Er hat mir viele Fotos von seinem Großvater gegeben. Und da war er plötzlich, der arme Mann im Hemd", wie Hildegard Schneiders die Steinfigur an dem Eckhaus an der Zeppelinallee nennt. Das Foto zeigt die Statue aber nicht an der Hauswand. Es wurde 1929 in der Werkstatt des Bildhauers an der Wanner Straße 63 aufgenommen, als der Künstler dabei war, die große Spottfigur aus dem Stein beziehungsweise aus drei Steinquadern herauszuschlug. Damit war klar, wer die Statue geschaffen hatte.

Für den spöttischen Unterton ist Hans Meier aber nicht verantwortlich. Es handelte sich um eine Auftragsarbeit, mit der wohl eher das Bauunternehmen Stallmann oder die mit dem Entwurf des Eckhauses beauftragten Architekten Ludwig Schwickert und Otto Prinz aus der Künstlersiedlung Halfmannshof ihren Standpunkt gegenüber dem Fiskus auf humorvolle Weise deutlich machen wollten. Wirklich lustig fand die Finanzbehörde das allerdings scheinbar nicht. Laut Hildegard Schneiders gibt es Gerüchte über eine Klage gegen den Hausbesitzer, die aber wegen der künstlerischen Freiheit abgewiesen worden sei. Dass das Eckhaus mitsamt der Steinfigur überhaupt genehmigt wurde, erklärte die pensionierte Geschichtslehrerin so: „Der Bauantrag enthielt nur eine sehr undeutliche Skizze der Skulptur." Von dem Fingerzeig auf das Finanzamt und der traurigen Mimik sei dort nichts zu erkennen gewesen. So schaffte es „Der Arme Mann im Hemd" an die Hauswand und er hängt dort immer noch, während das Finanzamt Gelsenkirchen-Süd bereits im Jahr 2015 aus dem Nachbargebäude ausgezogen ist. Der Grund für den Umzug war aber natürlich nicht die Spottfigur am Nachbarhaus. Die beiden Finanzämter Gelsenkirchen-Nord und -Süd wurden zusammengelegt und benötigten daher mehr Platz. In ihrem neuen Domizil an der Ludwig-Erhard-Straße können die Finanzbeamten nun aber ungestört arbeiten, ohne dass jemand fortwährend mit dem Finger auf sie zeigt.

Maira Schröer

So geht's zur Spottfigur:

Die Steinfigur hängt an dem Eckhaus Wittekindstraße / Zeppelinallee. Sie zeigt auf das Nachbarhaus Zeppelinallee 9-13, in dem bis 2015 das Finanzamt untergebracht war.

Olivier Kruschinski kennt auch die Schattenseiten der Stahlhochstraße und weiß, was der Bau der Berliner Brücke für den Stadtteil Schalke bedeutet hat.

36

Berliner Brücke

Stahlgigant verhindert den Verkehrskollaps

Angesichts dieser Wartezeit dürfte so manchem Autofahrer die Hutschnur gerissen sein. „Eine gefühlte Ewigkeit konnte es dauern, bis sich die Bahnschranken an der König-Wilhelm-Straße, die 1966 in Kurt-Schumacher-Straße umbenannt wurde, wieder öffneten“, erzählt der Gästeführer Olivier Kruschinski. Und die Schranken waren ziemlich häufig unten. Bei einer Verkehrsdiagnose wurden 1956 an einem Tag 118 Schrankenschließungen gezählt. Außerdem war der Bahnübergang, der sich im Volksmund den spöttisch gemeinten Namen „Glück-auf-Schranken“ einhandelte, in der Zeit zwischen 6 und 20 Uhr insgesamt 5 Stunden und 18 Minuten geschlossen. „Man musste Glück haben, damit die Schranken offen standen“, erklärt der Schalke-Kenner.

Um sich auszumalen, was das im Berufsverkehr oder an Heimspieltagen des FC Schalke 04 bedeutete, braucht es nicht viel Fantasie. Ganz gleich, ob zu Fuß, mit dem Auto oder mit der Straßenbahn – wer von der Innenstadt in Richtung Glückauf-Kampfbahn, dem damaligen Stadion der Königsblauen, unterwegs war, musste den Bahnübergang am Schalker Markt passieren. Dort drohte regelmäßig ein Verkehrskollaps.

Die Lösung: Ein 750 Meter langer und 25 Meter breiter Stahlgigant, der den Gelsenkirchener Süden mit dem Norden verbindet: Am 27. Juni 1963 begannen die Bauarbeiten für die Berliner Brücke. Etwas mehr als ein Jahr später wurde die Stahlhochstraße für den Verkehr freigegeben. Mit 22 Millionen Mark ein kostspieliges Unterfangen, das aus Sicht der damaligen Autofahrer aber sicher jeden Pfennig wert war.

Schließlich kreuzte die Straße an dieser Stelle ursprünglich eine stark befahrene Trasse für den Güterverkehr. Es handelte sich um die Verbindung der Zechenbahn des Steinkohlebergwerks Consolidation mit der Emschertalbahn. Da seit 1993 in dem Bergwerk keine Kohle mehr gefördert wird, ist die Zechenbahn inzwischen außer Betrieb. Auf den ebenfalls unterhalb der Brücke verlaufenden Gleisen einer Nebenstrecke der Emschertalbahn fahren zwar nach wie vor Züge, die Auslastung ist laut Olivier Kruschinski aber nicht mit den 1960er-Jahren vergleichbar. Für diese Zeit spricht der Vorstandsvorsitzende der Stiftung Schalker Markt von 50 Zügen pro Tag, die mit Tempo 20 nicht unbedingt zügig auf der Strecke unterwegs waren.

Was zu Beginn der 1950er-Jahre noch kein wirkliches Problem darstellte, spitzte sich im Zuge des Wirtschaftswunders und der damit einhergehenden Motorisierung immer mehr zu. „Jeder wollte seinen eigenen VW-Käfer besitzen, und plötzlich waren viel mehr Autos auf den Straßen unterwegs“, schildert Olivier Kruschinski das Problem. Für deren Besitzer stellte der Brückenbau eine enorme Entlastung dar. Für viele Geschäftsinhaber und Gastronomen rund um den nun im Schatten des Stahlgiganten liegenden Schalker Markt erwies sich die Bahnüberführung hingegen als nachteilig: Mit den Autos und Straßenbahnen verschwanden auch die Kunden aus dem Stadtteil, der durch die neue Brücke in Schalke und Schalke-Nord unterteilt wurde.

Hätte es damals eine andere Lösung gegeben? Da ist sich auch Olivier Kruschinski nicht sicher. Doch der Gästeführer weiß, dass die Stahlhochstraße für die Verantwortlichen nicht die erste Wahl war. „Ursprünglich gab es die Idee, einen Tunnel zu graben", sagt er. Angesichts von drohenden Bergbauschäden verwarf man dieses Vorhaben jedoch wieder und entschied sich für das Brückenbauwerk, ein Meisterstück deutscher Ingenieurskunst.

10.000 Kubikmeter Stahlbeton, 550 Tonnen Betonstahl, 90 Tonnen Spannstahl und 1.700 Tonnen Stahl wurden hier verbaut. „Die Pendelstützen sind zum Schutz vor möglichen Bergbauschäden nicht in einem Stück gegossen", erklärt Olivier Kruschinski. Diese Bauweise habe man sich später bei vielen anderen Gebäuden in der Umgebung zum Vorbild genommen, so etwa auch beim Bau der Veltins Arena, dem heutigen Stadion des FC Schalke 04.

Eine Frage bleibt allerdings noch zu beantworten: Warum ist eine Brücke mitten in Gelsenkirchen nach der deutschen Hauptstadt benannt? „Mit dem Namen wollte der Rat ein Zeichen der Verbundenheit mit dem geteilten Berlin setzen", erklärt Olivier Kruschinski. Und so war es auch kein geringerer als Willy Brandt selbst, damals noch in seiner Funktion als Regierender Bürgermeister von Berlin, der dem Bauwerk bei einem Besuch in Schalke am 23. Mai 1965 vor rund 3.000 Besuchern seinen Namen gab.

Heute fahren auf der Strecke noch viel mehr Autos als zur Zeit der „Glück-auf-Schranken". Bis zu 40.000 Fahrzeuge sind es laut Olivier Kruschinski pro Tag. Auf den Schienen unter der Stahlhochstraße ist dafür aber nicht mehr sehr viel los.

Maira Schröer

So geht's zur Berliner Brücke:

Die Kurt-Schumacher-Straße führt über die Berliner Brücke. Vom Stadtzentrum kommend, beginnt die Stahlhochstraße kurz hinter der Kreuzung Kurt-Schumacher-Straße / Grillostraße.

Zwei Konfessionen unter einem Dach: Wie das funktioniert, erzählt Erwin Mosel. In der Hand hält er das ungewöhnliche Altarkreuz von St. Ida.

37

Turmkreuz

Eine Kirche für zwei Konfessionen

Ein Kreuz an einer Kirchenwand ist natürlich erst einmal nichts Ungewöhnliches. Wenn es sich dabei um das frühere Turmkreuz einer evangelischen Kirche handelt, das jetzt an einem katholischen Gotteshaus hängt, sieht die Sache allerdings schon anders aus. Und genauso ist es in der Resser Mark, dem kleinsten Stadtteil Gelsenkirchens.

„Das Kreuz an der katholischen Kirche St. Ida stammt von der evangelischen Johanneskirche", weiß Erwin Mosel, der ehemalige Vorsitzende des Presbyteriums, also des Leitungsgremiums der evangelischen Gemeinde Resser Mark.

Bergschäden, verursacht durch den Kohleabbau in der nahegelegenen Zeche Graf Bismarck, hatten der Johanneskirche schwer zugesetzt. Das Gebäude war schon mehrfach repariert, der Kirchturm bereits durch Stahlstützen gesichert worden. Deshalb entschied die Gemeinde im Dezember 2003, das Gotteshaus abzureißen. „Unsere Kirche war nicht mehr zu retten, aber das Turmkreuz haben wir behalten", sagt Erwin Mosel. Seither hängt es an der Außenwand der katholischen Kirche St. Ida. Gut sichtbar für jeden Besucher wurde es rechts neben der Eingangstür angebracht.

An der katholischen Kirche St. Ida hängt das Turmkreuz der 2003 abgerissenen evangelischen Johanneskirche.

Und zwar aus gutem Grund: Schließlich zeigt es, dass diese Kirche nicht mehr nur von der katholischen Gemeinde genutzt wird. Die Protestanten entschieden sich nämlich nach dem Verlust ihres Gotteshauses gegen einen Neubau und zogen stattdessen in die Kirche der Katholiken mit ein. Ein ungewöhnlicher Schritt, der in beiden Gemeinden schon geraume Zeit vor dem Abriss der Johanneskirche diskutiert und für gut befunden worden war. „Wir haben ein ökumenisches Zentrum gegründet und von da an die Kirche gemeinsam genutzt", sagt Erwin Mosel.

Von der gemeinsamen Kirchennutzung profitierten beide Gemeinden. Die Protestanten hatten wieder ein Dach über dem Kopf und die Katholiken mussten die Kosten für ihre Kirche und das dazugehörige Gemeindehaus nicht länger alleine tragen. Trotzdem waren laut Erwin Mosel gerade am Anfang viele Absprachen nötig. Die Gemeinden verständigten sich beispielsweise darauf, dass die Sonntagsmesse der Katholiken um 9 Uhr beginnt, während die Protestanten mit ihrem Gottesdienst um 11 Uhr an der Reihe sind. In der Kirche findet man Symbole beider christlichen Konfessionen. Im Eingangsbereich stehen zwei Regale, eines für die evangelischen und eines für die katholischen Gesangbücher. Das Altarkreuz hat sogar zwei unterschiedliche Seiten und wird je nach Kirchennutzung entsprechend ausgerichtet. Die katholische Gemeinde blickt auf die Jesusfigur am Kreuz, während die Protestanten ein schlichtes Kreuz vor sich haben.

„Wir haben ein ökumenisches Zentrum gegründet und von da an die Kirche gemeinsam genutzt."

Bei dem Gotteshaus, das sich die beiden Konfessionen teilen, handelt es sich um eine ehemalige Notkirche, also ein Kirchengebäude, das mit einfachen Mitteln errichtet wurde und eigentlich nur für den provisorischen Gebrauch gedacht war. „St. Ida wurde 1950 in Eigenarbeit von Mitgliedern der katholischen Kirche gebaut", sagt Erwin Mosel. Während die meisten Notkirchen im Laufe der Zeit durch aufwändigere Bauten ersetzt wurden, steht die kleine Kirche St. Ida mit ihrem spitzen Türmchen bis heute im Zentrum des Stadtteils. 1978 wurde das Gebäude allerdings renoviert und vergrößert.

Und als wäre das evangelische Turmkreuz nicht schon ungewöhnlich genug, gibt es an der Kirche noch ein weiteres besonderes Detail zu entdecken: „Wir haben die kleinste Kirchturmglocke Gelsenkirchens", sagt Erwin Mosel. Deutlich älter als die Kirche selbst, stammt die Glocke aus dem Jahr 1641 und hing ursprünglich in der katholischen Kirche St. Barbara im Stadtteil Erle. Gerade mal 40 Zentimeter ist das Glöckchen hoch, das seit 2003 sowohl für die katholischen als auch für die evangelischen Gläubigen läutet.

Maira Schröer

So geht's zum Turmkreuz:

Das Kreuz hängt rechts neben der Eingangstür der katholischen Kirche St. Ida, Im Emscherbruch 63.

1993

Grundstein

Die jüngste Bergarbeiter-Siedlung Deutschlands

Aus einer kreisrunden Sitzbank ragt ein hoher, kantiger Stein, in den eine Jahreszahl eingraviert ist: 1993. Was es damit auf sich hat, weiß der ehemalige Stadtplaner Wolfram Schneider. Die Geschichte des Steins hängt mit der Tatsache zusammen, dass 1993 in Gelsenkirchen 205 neue Bergarbeiterwohnungen gebaut wurden. „Die Siedlung Schüngelberg ist die jüngste Bergarbeiter-Kolonie in Deutschland", sagt Wolfram Schneider. Und der muss es wissen, schließlich er das Projekt im Stadtteil Buer vom Architekten-Wettbewerb bis zum Bauabschluss gemeinsam mit dem Grundstückseigentümer, der Treuhandstelle (THS) für Bergmannswohnstätten, der heutigen Vivawest Wohnen GmbH, koordiniert.

Um einen kompletten Siedlungsneubau handelte es sich dabei allerdings nicht. Auf dem Gelände gab es schon vorher rund 300 Bergarbeiterwohnungen, die im Zuge des Neubauprojektes saniert wurden. Sie gehörten zur Zeche Hugo, die hier bereits zu Beginn des 20. Jahrhunderts die ersten Werkswohnungen für ihre Arbeiter bauen ließ.

Der Grund für die öffentlich geförderte Siedlungserweiterung war ausgerechnet eine Zechen-Schließung. Dabei handelte es sich allerdings nicht um das Bergwerk Hugo. „Hier wurde noch bis ins Jahr 2000 Kohle gefördert", sagt Wolfram Schneider und ergänzt: „Anfang der 1990er-Jahren wurde im Aachener Revier die letzte Zeche geschlossen." Der dort von den Gewerkschaften ausgehandelte Sozialplan sah vor, dass die Kumpel auf andere Bergwerke umverteilt werden. „1.500 Arbeiter sollten die Zechen im Ruhrgebiet aufnehmen, 400 davon das Bergwerk Hugo", erzählt der ehemalige Mitarbeiter der Stadtverwaltung. Für diese Bergleute und ihre Familien wurde 1993 in Buer gebaut.

Das späte Baujahr ist aber nicht das einzige, was an der Schün-

Als Mitarbeiter der Stadtverwaltung hat Wolfram Schneider den Bau der neuen Siedlungshäuser begleitet.

gelberg Siedlung überrascht. Schon die Grundsteinlegung war ungewöhnlich, verrät Wolfram Schneider. Die sogenannte „Zeitkapsel“ enthält zwar wie auch sonst üblich Geldmünzen, Tageszeitungen, Baupläne und die Manuskripte der anwesenden Redner. Die verschlossene Röhre wurde aber nicht in das Fundament eines der neuen Häuser eingemauert. Ihr Versteck ist eben jener in die runde Sitzbank eingelassene Stein, aus dunklem Basalttuff geschlagen. Er stammt von den beiden Künstlern Hermann EsRichter und Klaus Noculak, die damit eine Nachbildung der zur Zeche gehörenden Halde Rungenberg anfertigten. Bei der Halde Rungenberg handelt es sich um einen rund 50 Meter hohen künstlichen Berg, der durch Aufschüttung von Abfallprodukten der Zeche, den „Bergen“, entstanden ist.

Ganz schön viel Aufwand für ein einfaches Bergarbeiter-Quartier, könnte man nun meinen. Doch die Erweiterung der Siedlung Schüngelberg und die Sanierung der alten Zechenhäuser waren für die Stadt Gelsenkirchen nicht irgendein Bauvorhaben. Sie waren eines der ersten Projekte der „IBA Emscher Park“, soll heißen der Internationalen Bauausstellung Emscher Park – ein auf zehn Jahre angelegtes Zukunftsprogramm des Landes Nordrhein-Westfalen zur Bewältigung der Strukturkrise im nördlichen Ruhrgebiet. „Es kommt in Gelsenkirchen auch nicht so häufig vor, dass neue Siedlungen mit 200 Wohnungen gebaut werden“, betont der Stadtplaner im Ruhestand.

Der Architekt, der den Wettbewerb um das Neubauprojekt gewann, war Rolf Keller (1930-1993), ein Schweizer, dessen Pläne vor allem auf die Interessen der Bergleute zugeschnitten waren. „Bergbau ist Schichtarbeit. Die Bergleute mussten also oft am Tag schlafen, weil sie nachts arbeiteten“, erklärt Wolfram Schneider. Das berücksichtigte der Architekt beim Entwurf der Häuser. Im obersten Stockwerk befindet sich nur das Elternschlafzimmer. Von der restlichen Wohnung getrennt, konnte sich der Familienvater so, wenn er von der Schicht nach Hause kam, ungestört zurückziehen. Diese Besonderheit verleiht den Häuserzeilen ein recht eigenwilliges Aussehen, da das oberste Stockwerk schmaler ist als die darunterliegenden Etagen.

Darüber hinaus war es Keller wichtig, dass die Häuser trotz der Blockform unterscheidbar blieben. „Kinder müssen ihre Häuser erkennen können", sagt der ehemalige Stadtplaner. Nach diesem Grundsatz habe der Schweizer die Neubauten entworfen. Die Fensterrahmen erhielten verschiedene Farben, auch die Eingänge der Reihenhäuschen wurden unterschiedlich gestaltet. Den Rest übernahmen die Bewohner, indem sie ihre kleinen Vorgärten individuell dekorierten.

Der große Zuzug von neuen Mietern aus dem Aachener Revier blieb allerdings aus. Für viele der dortigen Bergleute war ein Umzug ins knapp 150 Kilometer entfernte Gelsenkirchen keine Option. Jedenfalls kamen laut Wolfram Schneider letztlich nur vier oder fünf Familien nach Buer.

Bergleute, die in die Werkswohnungen einziehen wollten, fanden sich aber trotzdem genug. „Die Nachfrage war groß", sagt der ehemalige Mitarbeiter der Stadtverwaltung. Die Zeche Hugo zählte damals gut 4.000 Beschäftige, von denen viele deutlich weiter vom Bergwerk entfernt oder in schlechteren Wohnungen untergebracht waren.

Den Platz mit der kreisrunden Sitzbank kennen vermutlich alle und viele wissen natürlich auch, was es mit der Jahreszahl 1993 auf sich hat. Dass der kantige Stein ein Geheimnis hütet, ist aber heute sicher nur noch den wenigsten bewusst.

Maira Schröer

So geht's zum Grundstein:

Das Kunstwerk, in dem der Grundstein versteckt ist, befindet sich an der Straße Zum Rungenberg. Hier steht eine große Pappel, um die herum die steinerne Bank mitsamt der Halden-Nachbildung errichtet wurde.

ALEX
DAS LETZTE
GRUBENPFERD

Grubenpferd

Denkmal für vierbeinige Kumpel

Zwei Gegensätze, wie sie größer nicht sein könnten: auf der einen Seite weite Wiesen, vielleicht die Prärie, Sonnenschein, saftiges und grünes Gras und Freiheit. Auf der anderen Seite dunkle Stollen, es ist eng, kalt, zugig, staubig, überall lauern Gefahren, kein Tageslicht über Jahre hinweg und Schwerstarbeit in Doppelschichten. Beides konnte das Schicksal eines Vertreters ein und derselben Tierart sein: des Pferdes. Stephan Haas, seines Zeichens Stadtführer und Ruhrgebietskenner, erzählt: „Pferde wurden lange unter Tage eingesetzt, viele wissen das nicht." Am alten Bahnübergang der Zeche Hugo befindet sich ein Denkmal, das an Alex erinnert: das letzte Grubenpferd der Zeche Hugo.

„Dass das Denkmal gerade hier steht, kommt nicht von Ungefähr", weiß Haas und erklärt: „Es geht auf Alfred Konter zurück, auch ‚Don Alfredo' genannt, er hat hier am Bahnübergang jahrzehntelang als Bahnwärter gearbeitet und war in ganz Gelsenkirchen bekannt." Dieses Gelsenkirchener Original verdiente sich den Titel „Don", der eigentlich Adligen oder Geistlichen vorbehalten ist, durch seinen unermüdlichen Einsatz *für* sein Bahnwärterhäuschen, seine Kollegen und *gegen* die Stadt und das Bauamt. Durch sein Engagement konnten fünf Mitarbeiter im Bahnbetrieb ihren Job behalten. Ja, er hatte ein großes Herz, der Alfred Konter. Und zwar nicht nur für Menschen, sondern auch für Tiere. „Deshalb hat er den in Vergessenheit geratenen Kumpeln hier neben dem Häuschen, das sein Lebensmittelpunkt war, das Denkmal gesetzt", so Haas.

Im Ruhrgebiet wurden Pferde seit der Mitte des 19. Jahrhunderts im Untertagebau eingesetzt. Davor zogen sogenannte *Schlepper* die Loren mit der Kohle von den Abbaustellen zu den Förderschächten, von wo aus sie über die Hängebank am oberen Ende des Schachts ans Tageslicht kam. Diese Arbeit verrichteten oft Frauen

Stephan Haas weiß um die Geschichte der vierbeinigen Kumpel.

und Kinder, die billigsten Arbeitskräfte der damaligen Zeit. Doch Mitte des 19. Jahrhunderts wurde die Kinder- und Frauenarbeit unter Tage verboten. Kinder durften vor der Vollendung des 9. Lebensjahres nicht arbeiten. Bevor er 16 wurde, durfte ein Junge nur arbeiten gehen, wenn er die Schule drei Jahre lang besucht hatte, „[...] oder durch ein Zeugniß des Schulvorstandes nachweiset, daß er seine Muttersprache geläufig lesen kann und einen Anfang im Schreiben gemacht hat“, wie es im *Regulativ über die Beschäftigung jugendlicher Arbeiter in Fabriken* des Königreichs Preußen vom 9. März 1839 heißt. „Das passierte weniger aus philanthropischen Gründen, sondern es fehlte an Rekruten für die preußischen Armeen“, erklärt Haas. Die Kinder sollten gesund sein, damit sie später brauchbare Soldaten abgeben, die Frauen sollten genug Kraft haben, um viele gesunde Söhne zur Welt zu bringen. Durch das Verbot fehlten nun die Arbeitskräfte und man kam im Ruhrpott zwar nicht auf den Hund, aber auf’s Pferd.

„Daher musste der Pferdeführer besonders aufpassen und seinen vierbeinigen Kumpel gewissenhaft beschützen, denn sonst wurde das teuer.“

„Bei größeren Längen hat die Pferdeförderung große ökonomische Vortheile. Es werden 7-9 Wagen aneinander gehängt (gekuppelt), wobei sich das Verhältnis der Leistung eines Schleppers zu der eines Pferdes durchschnittlich auf 1:8,5 herausstellt“, ist der *Allgemeinen Encyklopädie der Wissenschaften und Künste* von Hermann Brockhaus von 1875 zu entnehmen. Ein weiterer Vorteil wird hier genannt: „Bei Berücksichtigung der Unterhaltungskosten und Löhne ergibt sich ein noch günstigeres Verhältnis dahin, daß dieselbe Leistung durch Pferdeförderung c. 15 mal billiger, als durch Förderung mit Menschenkraft ist.“ Gemessen wurde der Leistungsgrad dabei in Tonnenkilometern, also wie viele Tonnen das Pferd oder der Schlepper in einer Schicht einen Kilometer weit schleppen konnte. Mit Menschenkraft konnten in dieser Zeit etwa drei bis sieben Tonnenkilometer bewältigt werden, mit Pferden waren es bis zu 50 Tonnenkilometer, mit Ponys immerhin 30 bis 35. Dabei zogen die Pferde bis zu acht „Hunde“, also spezielle zur För-

derung benutzte Karren, mit je 840 Kilogramm Kohle. Das entsprach einem Gesamtgewicht von 6,8 Tonnen. Der Pferdeführer ging dabei stets voraus, um die Strecke auszuleuchten und das Pferd zu lenken.
Bei den Tieren handelte es sich oft um sogenannte Emscherbrücher, auch Emscherbrücher Dickköppe genannte Pferde (siehe Geheimnis 25). Ihren Namen haben sie einer breiten Stirn, ausgeprägten Unterkiefern und weiten Kinnladen zu verdanken. „Die Tiere eigneten sich besonders wegen ihrer niedrigen Risthöhe von etwa 163 Zentimetern für die Stollenarbeit, mehr war wegen den niedrigen Stollendecken nicht möglich", erklärt Haas. Aber auch die kräftigen und gutmütigen Shetland-Ponys eigneten sich für die Arbeit unter Tage.
Am Anfang wurden die Pferde noch zu Beginn jeder Schicht mittels Netzen, später auch mit Transportkisten, in die Stollen hinuntergelassen, von wo sie nach getaner Arbeit wieder heraufgebracht wurden. Da die Strecken unter Tage aber immer länger wurden, ging man dazu über, Ställe in den Stollen einzurichten. Es gab Sammelställe, Hilfsställe und Notställe. Die Sammelställe waren am besten ausgestattet, mit eigener Wasserversorgung, elektrischem Licht und guter Frischluftversorgung. Hilfsställe hingegen befanden sich oft in blinden Stollen, also solchen, die Sackgassen waren und nirgendwo hinführten. Hier standen die Pferde hintereinander, die Belüftung war schlechter. Notställe wurden parallel zu den Stollen eingerichtet und waren nur dazu da, um den Pferden kurz Ruhe zu gönnen und sie etwa beim Schichtwechsel abzustellen.

Alfred Konter ist dieses Denkmal zu verdanken.

Gefährlich war die Arbeit im Bergwerk nicht nur für die Kumpel, sondern auch für die Grubenpferde. Vor allem an Kopf und

Hüften bestand Verletzungsgefahr, verursacht durch in die Gänge hineinragende Holzbauten. Holzsplitter oder Drähte führten zu Fleischwunden, die wegen der Wärme und hohen Luftfeuchtigkeit nur schlecht heilten. Das zugige Klima bescherte den Pferden immer wieder Lungenkrankheiten wie Rotz oder Druse, bei feuchtem Boden wurden die Hufe in Mitleidenschaft gezogen, Hufkrebse oder Ballen- und Nageltritte plagten die Tiere. Es gab zwar einen Grubentierarzt, der inspizierte die Ställe und Tiere aber nur zweimal im Jahr oder wenn eine akute Erkrankung vorlag. „Dass die Pferde reihenweise blind wurden, ist allerdings nicht richtig“, weiß Haas. Das Dämmerlicht sei zwar nicht gerade förderlich gewesen und die Stäube in der Luft führten zu Bindehauterkrankungen, aber blind wurden sie deshalb selten. Es passierte eher, dass die Augen mechanisch, also durch herabhängende Drähte, an denen Grubenbeleuchtungen aufgehängt wurden, oder durch Holzsplitter, die von den Stollenverschalungen abstanden, verletzt wurden. „Daher musste der Pferdeführer besonders aufpassen und seinen vierbeinigen Kumpel gewissenhaft beschützen“, erklärt Haas, „denn sonst wurde das teuer.“

In den seltensten Fällen gehörten die Pferde den Zechenbetreibern selbst. Sie liehen sich die Tiere von speziellen Pferdeverleihern, etwa der Firma Bischoff aus Gelsenkirchen (siehe Geheimnis 13), die zu Spitzenzeiten 13.000 Tiere für sich und ihre Kunden arbeiten ließ.

Nach fünfwöchigem Training war das Pferd für seinen Einsatz unter Tage bereit, sechs bis sieben Jahre konnten die Tiere die schwere Arbeit verrichten, bevor sie zu abgekämpft dafür waren. Denn ein hoher Ertrag war die höchste Priorität für die Zechenbetreiber, die Tiere konnten sich nicht wehren. Zwar lautet *Paragraph 43, Bergpolizeiliche Verordnungen und Bestimmungen*, dass das „Misshandeln und Necken“ verboten war, doch kam es früher oft zu eben solchen Misshandlungen. Gesunde und zufriedene Tiere verrichteten die beste Arbeit, sie kosteten aber auch mehr Geld. Auch *Der Bergmannsfreund*, ein Ratgeber zur Unfallverhütung der Westfälischen Berggewerkschaftskasse von 1927, listet für das Wohl des Pferdes in seinen zehn Geboten für Pferdeführer Folgendes auf:

„Du sollst deinem Pferd während der Schicht öfter zu trinken geben! Weil es sich ebenso nach der Tränke sehnt wie du nach der Kaffeeflasche, und weil ein durstiges Pferd leicht unwillig wird. Und Du sollst dein Pferd nicht mißhandeln! Weil du roh und gemein handelst und dein Pferd dir die schlechte Behandlung gelegentlich heimzahlt."

Je besser der Tier- und Arbeitsschutz wurde, desto besser erging es auch den Grubenpferden. Elektromotoren und andere technische Neuerungen ließen die Zahl der Grubenpferde drastisch sinken, von etwa 3.700 im Jahr 1920 auf etwa 500 im Jahr 1952. Das letzte Grubenpferd im Ruhrgebiet und sogar ganz Deutschland war, nicht wie viele vermuten, Tobias, der am 23. Juni 1966 von der Zeche General Blumenthal in Recklinghausen mit großem Medienrummel aus der Zeche ausfuhr, sondern Seppel, ein Schimmel, der als letztes Ross zwei Monate später über die Hängebank ging. Aber zu dieser Zeit war Alex, das Grubenpferd der Zeche Hugo, schon seit 1949 im Ruhestand gewesen und hatte sein Gnadenbrot auf einer Weide genossen, unter freiem Himmel im Sonnenschein, genau wie das Denkmal, dass ihm „Don Alfredo" bei seinem Bahnwärterhäuschen gesetzt hat.

„Deshalb hat er den in Vergessenheit geratenen Kumpeln hier neben dem Häuschen, das sein Lebensmittelpunkt war, das Denkmal gesetzt."

Mike Durlacher

So geht's zum Grubenpferd:

Das Denkmal für Alex das Grubenpferd befindet sich beim Bahnwärterhäuschen auf der Horster Straße.

Stahlverkleidung

Riesiger Betonkorken im Versteck

Ein hoher Zaun. Dahinter rostrote Stahlverkleidungen. Was befindet sich darin – oder darunter? Steht man direkt vor dem Zaun, kann man das Ausmaß dieses Konstrukts, zu dem die Stahlverkleidung gehört, gar nicht erfassen, so groß ist es. Und schon gar nicht lässt sich erahnen, was es mit diesem riesigen Ding überhaupt auf sich hat, denn ohne Expertenwissen kommt man hier nicht weit. Wer allerdings mit Martin Gernhardt unterwegs ist, wird aufgeklärt – denn der Gelsenkirchener ist eben ein solcher Experte mit profundem Wissen zu dem Konstrukt.

„Die Stahlverkleidung ist Teil der sogenannten Hängebank des Schachtes 9 der Zeche Consolidation", erläutert er. Die Hängebank, das sind die „beiden langen hölzer des obersten geviers eines treibschachtes, über welchen die kübel ein- und ausgehängt werden", wie die Gebrüder Grimm in ihrem *Deutschen Wörterbuch* schreiben. Aber heute geht nichts mehr „über die hengebank" – so lautete der Ausdruck dafür, dass ein Gut aus dem Schacht geholt wird, welches dem Eigentümer dann auch nicht mehr streitig gemacht werden kann. „Das, worauf es heute ankommt, befindet sich unterhalb der Hängebank. Denn viel interessanter ist die Verfüllung des Schachtes, die Ende 1996 eingebracht wurde", klärt der Vorsitzende des Initiativkreises Bergwerk Consolidation auf. Das Besondere: Sie reicht nicht bis zum Boden. Warum?

Des Rätsels Lösung hat mit Wasser zu tun, und zwar mit solchem, das man *nicht* haben möchte: Nachdem die Zeche Consolidation 1993 geschlossen worden war, mussten auch die Schächte verschlossen werden. Es sollte zum einen niemand hineinfallen können, zum anderen auch nichts hinuntergelangen. Daher setzte man in die waagerechten Grubenbaue, wie etwa Querschläge und Stollen, Dämme ein und versiegelte sie so. „Andernfalls würde ja der Beton, den man einfüllt, sonst wohin fließen", erläutert Gern-

Martin Gernhardt weiß, was sich hinter der Stahlverkleidung befindet.

hardt den Sinn dieser Vorgehensweise. Zubetoniert wurden aber nur die oberen 400 bis 500 Meter des Schachtes. Dieser an einen riesigen Korken erinnernde Betonklotz, der sich hier, wie eingangs erwähnt, am Schacht 9 hinter der Stahlverkleidung unter der Hängebank verbirgt, verschließt den Schacht also nicht nur gegen unbefugte Personen und Material, sondern auch gegen Wasser.

Das Grubenwasser in den Stollen, das zuvor über sogenannte Erbstollen oder Pumpen abgeführt wurde, sammelt sich nun, da der Bergbau im Ruhrgebiet 2018 offiziell zu Ende geht, in den Gängen unter Tage und steigt kontinuierlich an. Dieses Wasser muss aber abgepumpt werden, da es sich sonst irgendwann mit dem oberflächennahen Grundwasser vermischen würde, aus dem die Menschen im Ruhrgebiet ihr Trinkwasser gewinnen. Das Wasser, das zur Trinkwassergewinnung verwendet wird, ist Grundwasser aus einer Tiefe von bis zu 30 bis 40 Metern. „Eine Vermischung wäre hochgradig ungünstig – um es nett zu formulieren", sagt der Vorsitzende des Initiativkreises und führt aus: „Nicht nur wäscht das Grubenwasser die Mineralien aus dem Gestein und würde diese in das Trinkwasser einbringen, es ist auch mit Industriestoffen wie PCB, Schmierölen und Diesel verunreinigt, also mit Stoffen, die noch unter Tage in den Stollen verblieben sind." PCB ist dabei besonders kritisch, da es zum sogenannten „Dreckigen Dutzend" gehört. Damit sind zwölf Giftstoffe gemeint, die durch das Stockholmer Übereinkommen vom 22. Mai 2001 beinahe weltweit verboten wurden.

Man darf nicht hinein, aber eine riesige Betonsäule ist hier versteckt.

Die Polychlorierten Biphenyle sind zwar nicht akut giftig, können sich aber im Körper anreichern und so das Immunsystem schädigen, Leber und Haut angreifen und zu Missbildung bei Föten führen, auch sind sie höchst krebserre-

gend. Gebraucht wurde das PCB vor allem zur Schmierung der Hydraulik und als Isolieröl. „In den 80er-Jahren hat man diese Giftigkeit erkannt und sofort gehandelt. Aber bis dahin ist einiges verplempert und verkleckert worden", so Gernhardt.
Sobald der Bergbau vollends zum Stillstand gekommen ist, will die RAG Deutsche Steinkohle AG, der größte Bergbauunternehmer, den Grubenwasserspiegel von momentan 600 bis 900 Metern unter der Erde auf etwa 600 bis 400 Meter ansteigen lassen. Das kann dazu führen, dass das Gebirge leicht aufquillt, es könnte zu Berghebungen anstatt der bisher auftretenden Bergsenkungen kommen. Daraus resultieren sogenannte Bergschäden wie Risse oder Schiefstellungen, für die der Bergwerksbetreiber haftbar gemacht werden kann.

„In den 80er-Jahren hat man diese Giftigkeit erkannt und sofort gehandelt. Aber bis dahin ist einiges verplempert und verkleckert worden."

Die Frage, wie weit man den Grubenwasserspiegel ansteigen lassen darf, sorgt noch für Diskussionen. Die RAG, einer der wichtigsten Bergbaukonzerne in Deutschland, der die *Ewigkeitsaufgaben* regelt, geht davon aus, dass ein Abstand zum Grundwasser von 100 Metern genügt, andere wiederum meinen, dass durch die Kapillarwirkung des zerklüfteten Gesteins mindestens 200 bis 300 Meter nötig sind, um eine Gefährdung absolut ausschließen zu können. Das in den Griff zu bekommen, gehört zu den Ewigkeitsaufgaben, die der Steinkohlebergbau nach seinem endgültigen Ende 2018 in Deutschland zurücklässt und ewig betreut werden müssen, so zum Beispiel das Abpumpen von Wasser.

Und was hat das alles mit dem nicht ganz verfüllten Schacht zu tun? „Grundsätzlich will man, dass das Wasser in den horizontalen Stollen dort hinfließt, wo man es kontrollieren kann, also zu *bestimmten* Stellen", so Gernhardt. Um dies zu gewährleisten, wurde der Schacht nicht bis ganz nach unten verfüllt, da er sonst wie eine Sperre wirken würde, sodass das Wasser nicht frei fließen könnte. An den erwünschten Stellen, etwa in der Nähe von Flüssen oder Seen, wird über Tauchpumpen, die über die oben genannten Leerrohre in die Schächte hinabgelassen werden, das Wasser abgepumpt,

gereinigt und dann abgeleitet. Dies ist ein Teil der Ewigkeitsaufgaben, die die RAG zu stemmen hat.
Um ein Gefühl für das Ausmaß dieses Problems zu bekommen, seien zwei Zahlen genannt: Jährlich müssen aus den Zechen im Ruhrgebiet etwa 70 Millionen Kubikmeter Wasser abgepumpt werden. Oberflächenwasser muss sogar mit 900 Millionen Kubikmeter pro Jahr bewegt werden. Diese Grubenwassermengen werden momentan von zwölf Pumpstationen bewältigt.

Es gibt also gute Gründe, warum erstens der Schacht verfüllt wurde, damit einerseits niemand hineinfällt und andererseits das Wasser nicht rausfließt, und warum er zweitens, um das Fließen des Wassers zu gewährleisten, nicht bis zum Schachtboden zugeschüttet wurde. Denn sauberes Wasser ist – für alle Ewigkeit – ein hohes Gut.

Mike Durlacher

So geht's zur Stahlverkleidung:

Die Stahlverkleidung unter der Hängebank befindet sich im Schacht 9 der Zeche Consolidation im Park Consol.

Markant mit seiner gerippten Außenhülle steht der Schalker Erbsenturm auf dem Betriebsgelände.

41

Silo

Druck von außen, Druck von innen

Wer an Gelsenkirchen denkt, denkt an Kohle, Stahl und Fußball. Aber an U-Boote, Marineaufträge und die Nordsee? Wohl eher weniger. „Dabei sind die U-Boote kaum zu übersehen und eigentlich kennt sie jeder", weiß Dr. Daniel Schmidt, Mitarbeiter im Stadtarchiv Gelsenkirchen, und ergänzt: „Aber die wenigsten wissen um ihren Hintergrund oder wissen, was es damit auf sich hat." Die unübersehbaren U-Boote sind im Gelsenkirchener Hafen beheimatet, was ja bei U-Booten auch Sinn ergibt. Im Wasser findet man sie jedoch nicht, sondern hochkant in Ufernähe. 37 Meter weit ragen sie in den Himmel – aber mitnichten als U-Boote, sondern: als Silos! Die ihrer Bestimmung beraubten Boote bilden heute den „Schalker Erbsenturm" auf dem Gelände von Müllers Mühle. Markant stehen die gerippten Silos, vier an der Zahl, neben einem jüngeren und moderneren viereckigen Silo. Doch wie werden U-Boote zu Silos? Für diesen ungewöhnlichen Werdegang zeichnen zwei Akteure verantwortlich und das Ende des Zweiten Weltkrieges spielte ebenfalls eine große Rolle.

Einer der Akteure ist die Firma Müllers Mühle. Sie befindet sich seit 1913 an ihrem heutigen Standort am Rhein-Herne-Kanal, 1893 war sie als Handelsagentur für Reis und Hülsenfrüchte von Adolf Müller in der damaligen Industriestraße 44-46 gegründet worden. Um die Qualität der Ware gewährleisten zu können, entschied sich der Unternehmer dafür, eine Schälmühle zu errichten und so selbst die Hülsen und Schalen zu entfernen. Die Firma wuchs und wuchs, die Räume wurden zu eng, am Hafen musste ein neuer Standort gefunden werden. „Durch die Anbindung an den Rhein-Herne-Kanal konnten mit den Frachtkähnen viel größere Mengen an Waren an- und abtransportiert werden", schildert Schmidt den Vorteil eines Grundstücks am Wasser. Adolf Müller gelang es, sich immer mehr Hafengrundstücke zu sichern und so den Warenfluss weiter in die Höhe zu schrauben.

Der zweite Akteur war die Firma Gewerkschaft Orange, die von Friedrich Grillo (siehe Geheimnis 30) 1873 als Aktiengesellschaft Schalker Verein für Kesselfabrikation gegründet wurde und hauptsächlich Dampfkessel herstellte. Aber auch Förder- und Hochofengerüste sowie Schachtanlagen, vieles von dem also, was die Zechen und Hütten benötigten, lieferte die Firma. „Im Zweiten Weltkrieg, genauer: ab 1943, stellte das Werk Teile des Druckkörpers für den neuen U-Boot-Typ XXI her", klärt der Archivmitarbeiter auf.
In drei verschiedenen Werften – Hamburg, Bremen und Danzig – sollte eine Vielzahl von Teilen, die aus Standorten aus dem ganzen Reichsgebiet kamen, zu dem neuen U-Boot zusammengefügt werden. In Gelsenkirchen wurde am Stadthafen die Sektion 6 für die vorderen Wohnräume des U-Boots hergestellt. Diese lagerten auf dem Werksgelände und sollten dann im U-Boot-Bunker Valentin in Bremen weiterverarbeitet werden. Doch als 1945 das Kriegsende kam, blieben viele der Rumpfteile in Gelsenkirchen liegen und waren nun nutzlos, denn mit den Potsdamer Abkommen vom August 1945 durfte Deutschland keine U-Boote mehr besitzen.

Derweil benötigte Müllers Mühle dringend neue Silos: Die deutsche Wirtschaft lag in der Nachkriegszeit darnieder, das geringe Warenangebot führte zu Inflation, Kohle und Stahl waren stark nachgefragt. Lebensmittel waren rationiert, in der britischen Besatzungszone wurde eine Versorgung mit 1.500 Kalorien pro Tag und Person angestrebt. Doch das reichte bei weitem nicht aus für die schwere Arbeit in den Berg- und Hüttenwerken im Ruhrgebiet. Deshalb wurden Schwerstarbeiterzulagen bis zu 7.000 Kalorien täglich genehmigt: Das Ruhrgebiet hatte Kohldampf. Um den enormen Bedarf decken zu können, mussten Unmengen an Lebensmitteln in den Pott gebracht werden. Dafür allerdings brauchte es Lagermöglichkeiten – doch der hierfür benötigte Stahl war knapp. Schließlich hatte Adolf Müller (1900-1972), der gleichnamige Nachfahre des Mühlen-Gründers, die zündende Idee: Aus den U-Boot-Teilen sollten Silos werden! Mit etwas Fantasie sind die Druckkörper von U-Booten Silos gar nicht so unähnlich: lang, zylindrisch, gebaut um Druck auszuhalten. „Da bot sich natürlich das nun nicht mehr benötigte Kriegsmaterial gleich nebenan im Werk Orange an", weiß Schmidt und verbindet damit die beiden Firmen, die an den Silos beteiligt waren: Gewerkschaft Orange als Hersteller und Müllers Mühle als Abnehmer.

„Da bot sich natürlich das nun nicht mehr benötigte Kriegsmaterial gleich nebenan im Werk Orange an."

Auch der Oberpräsident des Landesernährungsamts der Provinz Westfalen war begeistert, was er in seinem Empfehlungsschreiben kundtat: „Die Firma Adolf Müller hat die Möglichkeit, aus vorhandenen U-Boot-Teilen einen Silo zu errichten. Es ist zu begrüßen, daß diese Lösung vorhanden ist, da der Silo-Raum der Firma nicht ausreichend ist, um die ihr gestellten Aufgaben hinsichtlich der Versorgung der Bevölkerung der Provinz Westfalen mit Nährmitteln ohne Gefährdung zu lösen."

Die einzelnen Rumpfteile sollten aneinandergeschweißt, ausgeschachtet – also Trennwände und dergleichen entfernt – und aufgestellt werden, insgesamt 76 der Rumpfsektionen plante man zu verbauen. Also stellte Müllers Mühle am 1. Februar 1946 einen

Bauantrag für die Silos. Das Werk Orange stellte Statikberechnungen an und die Planung begann. Eine Genehmigung wurde zunächst nicht erteilt, weil „die Standsicherheitsberechnung vom Werk Orange in statischer Hinsicht für den Stahlaufbau des Silos vollkommen falsch ist", wie das Bauamt damals verlauten ließ. Auch bestand der Verdacht, unter dem vorgesehenen Gelände könnte sich eine nicht explodierte Bombe aus dem Krieg befinden. Immerhin war das Werk 1944 durch Fliegerbomben beschädigt worden. Also verweigerte auch der Inspekteur für Bombenbeseitigung aus Münster seine Zusage. Dennoch wollte er sich des Problems annehmen, wie der Korrespondenz zu entnehmen ist: „Sobald ich im Besitz eines Kraftfahrzeuges sein werde, komme ich persönlich zu einer Besprechung zu Ihnen." Es dauerte noch bis zum 8. September 1948, bis alle Genehmigungen endlich erteilt waren. Am 14. Februar 1949 folgte die baupolizeiliche Abnahme.

„Seitdem stehen die aufrechten U-Boote am Gelsenkirchener Stadthafen und beherbergen bis zu 2.060 Tonnen Reis. Früher wurden unter anderem auch Erbsen darin gelagert, daher auch der Name *Schalker Erbsenturm*", erklärt Daniel Schmidt schmunzelnd. Der Speicher ermöglichte damals eine bessere Versorgung der hart arbeitenden Ruhrgebietsbevölkerung und erfüllt heute noch immer seine Bestimmung.

Die U-Boot-Teile hätten früher tonnenschweren Wasserdruck von außen aushalten müssen, um die Menschen in ihnen zu schützen. Heute müssen sie enormen Druck von innen aushalten, den die darin lagernden Lebensmittel verursachen.

Mike Durlacher

So geht's zum Silo:

Das Silo, das aus U-Boot-Teilen zusammengefügt ist, befindet sich auf dem Gelände von Müllers Mühle Am Stadthafen 42.

Dirk Slawetzki weiß, wo das Mosaik, das einst über dem Eingangsportal des Alten Rathauses hing, heute zu finden ist.

42

Stadtwappen

Was vom Alten Rathaus übrig blieb

Mit seinen vielen kleinen Giebeln, Erkern und Zinnen und dem hohen Turm ist das Alte Rathaus vielen Gelsenkirchenern bis heute ein Begriff. Die Stadt beschloss 1970, das Bauwerk auf dem Machensplatz abzureißen – ein Schicksal, das viele ältere Gebäude in Gelsenkirchen traf, so etwa auch den Bahnhof oder die Badeanstalt an der Husemannstraße. „Viele Gelsenkirchener bedauern das bis heute", sagt Dirk Slawetzki.

Der Turm wurde gesprengt, das übrige Gebäude Stein für Stein abgetragen. Heute ist von dem historischen Bauwerk nichts mehr übrig, so scheint es jedenfalls auf den ersten Blick. Doch der gebürtige Gelsenkirchener weiß es besser: „Das Alte Stadtwappen wurde gerettet!"

Mit dem „Alten Stadtwappen" meint der Gästeführer ein mehrere Meter großes Mosaik, das ursprünglich über dem Eingangsportal des Rathauses hing. Der Kirchenmaler Friedrich Stummel (1850-1919) aus Kevelaer hatte es entworfen. Das Kunstwerk zeigt einen Bergmann und einen Stahlarbeiter. Die Männer halten das Wappen, das bis 1928 offiziell von der Stadt Gelsenkirchen verwendet wurde. Darauf abgebildet sind eine Kirche, abgeleitet vom Ortsnamen, sowie Schlägel und Bergeisen als Zeichen für die große Bedeutung des Steinkohlebergbaus. Ein Stadttor mit Fallgitter symbolisiert Wehrhaftigkeit.

Das Alte Stadtwappen hing ursprünglich über dem Eingangsportal des Alten Rathauses.

Das Wappen wurde im Zuge der Gebietszusammenlegungen um die Linde aus dem Buerschen Stadtwappen und den roten Löwen aus dem Familienwappen der Herren von Horst erweitert, sodass das heute von der Stadt verwendete Wappen alle diese Elemente enthält.

Nun darf man sich unter der Rettung des Mosaiks keine akribisch geplante Aktion vorstellen. Dirk Slawetzki vermutet vielmehr, dass es Bauarbeiter waren, die das Kunstwerk auf die Seite schafften. Möglicherweise, weil ihnen beim Anblick des mühevoll gefertigten Mosaiks klar wurde, wie viele Arbeitsstunden hier investiert worden waren.

Nach dem Abriss des Rathauses am 14. März 1970 verblieb das „Alte Stadtwappen" zunächst am Machensplatz. Die Hamburg-Mannheimer Versicherungs AG ließ hier ein 50 Meter hohes und in knalligem Orange gestrichenes Gebäude bauen, das sogenannte Hamburg-Mannheimer-Haus. In diesem Gebäude wurde das

Kunstwerk zunächst aufgehängt. „Es schmückte bis 1997 einen Durchgang im Hamburg-Mannheimer-Haus“, erzählt der Gästeführer. Im Zuge von Umbauarbeiten entschied man jedoch auf Initiative des Heimatbundes Gelsenkirchen, dass das „Alte Stadtwappen“ wieder ans Tageslicht und vor allem an einen öffentlich zugänglichen Ort gebracht werden sollte. Seit 1998 hängt das Mosaik an der Außenfassade der Gertrud-Bäumer-Realschule.

„Die Schule stammt ungefähr aus der gleichen Zeit wie das Alte Rathaus und ist nicht weit vom Machensplatz entfernt.“

Warum das „Alte Stadtwappen“ ausgerechnet an diesem Gebäude angebracht wurde, erklärt Dirk Slawetzki so: „Die Schule stammt ungefähr aus der gleichen Zeit wie das Alte Rathaus und ist nicht weit vom Machensplatz entfernt.“ An der frischen Luft und von der Zeppelinallee aus gut sichtbar, muss das historische Mosaik kein Dasein im Verborgenen mehr fristen.

Maira Schröer

So geht's zum Stadtwappen:

Die Schulwand mit dem Mosaik befindet sich an der Zeppelinallee, unmittelbar gegenüber von dem Gebäude mit der Hausnummer 4, in dem die Ausländerbehörde der Stadt Gelsenkirchen untergebracht ist.

Judith Neuwald-Tasbach erinnert sich: Hier wusch auch sie sich die Hände.

43

Waschbecken

Rituelle Reinigung am Eingang

Seit 1829 fließt kein Wasser mehr in die steinerne Schale, hier wäscht sich schon lange niemand mehr. Und es gibt auch kaum jemanden, der ihr Beachtung schenkt, schließlich befindet sie sich sehr versteckt in einem Haus, das sich unscheinbar in die Straßenflucht der Von-Der-Recke-Straße einreiht. Nur die Inschrift *Jüdische Kultusgemeinde* über der Tür und das Schild *Begegnungsstätte Alter Jüdischer Betsaal* weisen auf das Besondere hin, das sich hier einst befand und in gewisser Weise noch befindet. Jeden Mittwoch kann dieser kleine Schatz besucht werden: der alte jüdische Betsaal Man betritt den alten Betsaal durch einen Gang und mehrere Türen. „Eigentlich sind wir nicht durch den originalen Eingang hier hineingelangt", weiß Judith Neuwald-Tasbach, Vorsitzende der jüdischen Gemeinde Gelsenkirchen. „Der alte Eingang befindet sich nämlich weiter hinten", sagt sie und führt

dort hin. In einem kleinen Nebenraum findet sich dann auch die Tür, durch die die Gemeindemitglieder früher in den Betsaal gelangten, mit Glas und einem bunten Davidsstern Magen Davids, wie der sechszackige Stern, der aus zwei übereinanderliegenden Dreiecken besteht, auch genannt wird.
Rechts neben der Tür befindet sich eben jenes kleine Becken, in einer flachen Nische stehend, einfach gehalten und aus Stein. Etwas darüber, silbermetallen und rund: eine kleine Blende. „Das war mal ein Waschbecken", klärt Neuwald-Tasbach auf. Ein Waschbecken am ehemaligen Eingang? Wer wusch sich hier? Um diese Frage zu beantworten, muss man in die Vergangenheit blicken. Und zwar bis in das Jahr 1829.

Schlicht und einfach: das Waschbecken für die rituelle Waschung.

In diesem Jahr ergab eine Zählung, dass sich in dem noch äußerst beschaulichen Gelsenkirchen lediglich drei jüdische Familien befanden. 1860 waren es schon sechzig. Das hing mit der Industrialisierung und dem Zuzug vieler Menschen ins Ruhrgebiet zusammen. Zunächst gehörten die jüdischen Familien zur Gemeinde in Wattenscheid. Durch die steigende Mitgliederzahl konnten es sich die Gelsenkirchener Juden schließlich aber leisten, einen eigenen Betsaal anzumieten. „Das war 1863. Aber das ist nicht der, in dem wir stehen", erzählt Neuwald-Tasbach.

Der allererste Betsaal befand sich in der damaligen Hochstraße 34, der heutigen Hauptstraße. 1924 berichtet eine *Festschrift zum 50-jährigen Bestehen der Synagogengemeinde* von diesen Räumen: „In der oberen Etage war nach dem Hofe zu ein Zimmer für den G-ttesdienst eingerichtet. Eine finstere Treppe führte hinauf. Die Frauen fanden im Nebenraum ihre Plätze. Noch heute zeugen große, bunte Fenster von der einstmaligen Bedeutung der Räume." Die ungewöhnliche Schreibweise im Zitat rührt daher, dass der Name Gottes – JHWH – nur im Gebet benutzt werden darf. In profanen jüdischen Texten oder im Alltagsgebrauch werden beschreibende Wörter wie „Adonaj": Herr, oder „ha-Schem": der Name benutzt. Aber außerhalb der hebräischen Sprache wird das Wort „Gott" in den verschiedenen Sprachen im Schriftgebrauch abgewandelt, indem man einen Buchstaben durch einen Apostroph, einen Bindestrich oder dergleichen ersetzt. Daher stammt also im Zitat die Schreibweise „G-tt" für Gott.

Schon bald aber war der kleine Betsaal wieder zu klein. 1867 erwarben die Gelsenkirchener Gläubigen deshalb an der Neustraße, ab 1937 „Stürmerstraße" genannt, der heutigen Gildenstraße, ein Grundstück und errichteten darauf ein zweigeschossiges Gemeindehaus mit Betsaal, Klassenzimmer und einer Mikwe, dem Tauchbad für die rituelle Waschung. Sieben Jahre später gründete sich die Gelsenkirchener Gemeinde, es fehlte aber noch eine angemessene Synagoge, deren Planung die Gemeinde sogleich in Angriff nahm. Es dauerte noch bis zum 21. August 1885, dann konnte die Synagoge im maurischen Stil mit ihren zwei markanten Türmen und dem leicht abknickenden Eingangsbereich in den Hauptteil eröffnet werden. Sie bot im Erdgeschoss Platz für 256 Männer und auf der Empore für 106 Frauen. In der Reichspogromnacht am 9. November 1938 wurde sie durch Brandstiftung vollkommen zerstört. Die gleichgeschaltete *Gelsenkirchener Allgemeine Zeitung* berichtete damals am 11. November: „Auch in Gelsenkirchen setzten diese Aktionen gestern in den frühen Morgenstunden ein: dabei wurde wohl keines der noch vorhandenen jüdischen Geschäfte verschont. [...] Die Synagoge an der Ecke Stürmer- und Georgsstraße brannte völlig aus."

Nach den Grauen des Zweiten Weltkrieges entschieden sich einige jüdische Gemeindemitglieder, in Deutschland zu bleiben, und benötigten eine neue Synagoge. Diese wurde, da es zu diesem Zeitpunkt am Standort der alten Synagoge nicht möglich war, in der Von-der-Recke-Straße 9 im Innenhof errichtet. Sie bot Platz für etwa 60 Personen, in den Vorräumen befanden sich Büros, eine

Küche, ein kleiner Schulraum, eine Bibliothek und ein kleiner Gemeindesaal. „Und eben diesen Betsaal betrat man originär über die Glastür gleich bei dem Waschbecken", klärt die Vorsitzende der jüdischen Gemeinde Gelsenkirchen auf. Doch warum wusch man sich hier? „Bevor wir beten, müssen wir unsere Hände waschen. Dabei darf das Wasser aber nicht direkt aus der Leitung kommen, sondern muss aus einem Krug über die Hände gegossen werden", erklärt Neuwald-Tasbach.

„Und eben diesen Betsaal betrat man originär über die Glastür gleich bei dem Waschbecken."

Dieses Ritual leitet sich aus der Tora ab und ist eine rituelle Waschung, die sich auf Psalm 26,6 beruft: „Ich wasche meine Hände in Unschuld und halte mich, Herr, zu deinem Altar." Hier wuschen sich also die Gemeindemitglieder die Hände, um rein für die Gebete zu sein. Der Raum mit dem Becken galt nicht als Teil der Synagoge, welche man nur rein betreten darf. Seit die neue Synagoge am Standort der alten errichtet wurde, befindet sich das Gefäß nicht mehr am alten Platz. Auch der Wasserhahn ist nicht mehr da. Zum Beten wird der Saal nicht mehr genutzt, daher hat auch das Becken seine Funktion verloren. Es erinnert aber immer noch an die gelebte jüdische Tradition, die trotz all der Schrecken nicht verloren ging.

Heute fördert die Begegnungsstätte *Alter jüdischer Betsaal* das Kennenlernen und Verstehen der jüdischen Religion und der Nachkriegsgeschichte der jüdischen Gemeinde.

Mike Durlacher

So geht's zum Waschbecken:

Das Waschbecken befindet sich in den hinteren Räumen des Alten jüdischen Betsaals in der Von-der-Recke-Straße 9.

Wolfram Schneider hat den Wettbewerb „Straßennamen Schüngelberg" organisiert. Inzwischen ist der Stadtplaner im Ruhestand.

44

Straßenschild

Ein Weg mit türkischen Wurzeln

Das Wort „Tepe" stammt aus dem Türkischen und bedeutet Hügel. Ein passender Name also für eine Straße, die auf einem kleinen Berg liegt. Der *Tepeweg* gehört zur Bergarbeiter-Siedlung Schüngelberg, die nach der gleichnamigen Anhöhe benannt ist. Doch auch wenn der Begriff zur Topographie passt, ist er ungewöhnlich. Schließlich kommt es hierzulande nicht allzu häufig vor, dass eine Straße einen türkischen Namen trägt. „In Gelsenkirchen ist sie bis heute die einzige", bestätigt der ehemalige Stadtplaner Wolfram Schneider, der an der Namensgebung nicht ganz unbeteiligt war. Als Mitarbeiter der Stadtverwaltung organisierte er 1991 einen Wettbewerb, der die Gelsenkirchener Bürger und insbesondere die Bewohner des Bergarbeiter-Quartiers dazu aufforderte, Namensvorschläge für acht neue Straßen einzureichen.

Gebraucht wurden die neuen Straßennamen, da auf dem Schüngelberg im Rahmen der „IBA Emscher Park“ genannten Internationalen Bauausstellung Emscher Park ein Neubaugebiet mit 205 Wohnungen entstand. Die bereits vorhandenen Zechenhäuser wurden in diesem Rahmen saniert (siehe Geheimnis 38).
Dass bei dem Wettbewerb auch türkische Vorschläge eingereicht wurden, war laut Wolfram Schneider ein ausdrücklicher Wunsch der Initiatoren. Denn zu dieser Zeit lebten etwa 1.400 Mieter in der Siedlung und „rund zwei Drittel davon hatten türkische Wurzeln“, sagt er. Das waren Gastarbeiter und deren Familien, die von der Zeche Hugo angeworben und in den ursprünglich zum Bergwerk gehörenden Wohnungen untergebracht worden waren.

„Der Name sollte frei von jeder ideologischen Bedeutung sein.“

Die türkischen Bewohner des Schüngelbergs fanden laut Wolfram Schneider aber nicht nur bei der Benennung der Straßen im neuen Teil der Siedlung Gehör. Sie wurden auch bei der Sanierung der rund 300 bereits vorhandenen Werkswohnungen einbezogen. Seit 1989 wurden die Zechenhäuser modernisiert und auf die Beheizung mit Fernwärme umgestellt. „Vor dem Start der Bauarbeiten gab es eine Bewohnerbefragung“, erzählt der Verwaltungsmitarbeiter im Ruhestand. Eines der wesentlichen Ergebnisse war laut Wolfram Schneider: Während sich viele deutsche Mieter eine Wohnküche wünschten, wollten die türkischen Bewohner einen separaten Raum als Küche, in den sich die Frauen vor nicht zur Familie gehörenden Besuchern zurückziehen konnten. „Wichtig war den türkischen Mietern auch, dass die Toiletten nicht nach Mekka ausgerichtet wurden“, sagt der pensionierte Stadtplaner. Das sei unvereinbar mit muslimischen Regeln. Wünsche, die bei den Umbauarbeiten berücksichtigt wurden.

Auch bei den Vorschlägen für einen türkischen Straßennamen gab es laut Wolfram Schneider einiges zu beachten. „Der Name sollte frei von jeder ideologischen Bedeutung und möglichst kurz sein, damit er auf die Stadtkarte passt“, erläutert er die Kriterien der Jury, die sich aus dem Bezirksbürgermeister sowie Vertretern der Siedlungsbewohner, der IBA Emscher Park, der Treuhandstelle

(THS) für Bergmannswohnstätten und des Vereins für Orts- und Heimatkunde Gelsenkirchen-Buer zusammensetzte. Und es gab noch weitere Anforderungen an den Straßennamen. Das Türkische Wort „Karaelmas“ zum Beispiel schied wegen der recht komplizierten Schreibweise aus. Dabei hätte es laut Wolfram Schneider ansonsten gut gepasst, bedeutet es doch übersetzt „Schwarzer Diamant“ als Metapher für die wertvolle Kohle. Aus demselben Grund entschied sich die Jury auch gegen „Zonguldak“, den Namen einer Bergbaustadt am Schwarzen Meer. Sie liegt in einer Region, aus der viele Bewohner der Siedlung stammten.

Ein kurzer Hinweis auf dem Straßenschild erklärt, was das Wort „Tepe“ bedeutet.

Die Jury machte schließlich eine Vorschlagsliste mit deutschen und türkischen Begriffen und die Bezirksvertretung Gelsenkirchen Nord, die das letzte Wort bei der Straßenbenennung hatte, entschied sich für den „Tepeweg“.

Das ist ein Name, der seine türkische Herkunft nicht sofort preisgibt. Ein kurzer Hinweis auf dem Straßenschild erklärt deshalb, dass es sich bei diesem Begriff um das türkische Wort für Hügel handelt. Außerhalb der Schüngelberg-Siedlung dürften nur die wenigsten Menschen ohne türkische Wurzeln die Besonderheit dieses Straßennamens erkennen.

Maira Schröer

So geht's zum Straßenschild:

Der Tepeweg befindet sich zwischen der Eschweiler Straße und der Straße Flöz Gretchen im Zentrum der Siedlung Schüngelberg.

Volker Bruckmann kennt die Geschichte des Stadttheaters an der Bochumer Straße. Es befand sich in diesem Anbau im Hinterhof.

45

Anbau

Das Stadttheater an der Bochumer Straße

Es gibt Gebäude, denen sieht man ihre bewegte Vergangenheit an. Das trifft auch auf das Haus mit der roten Fassade an der Bochumer Straße 134 im Stadtteil Ückendorf zu. Ein Nachtclub war hier bis in die 1970er-Jahre untergebracht, später dann die Altstadtdisco. Inzwischen ist das Gebäude die meiste Zeit ungenutzt. Der Veranstaltungssaal, der sich in einem Anbau im Hinterhof befindet, kann für Feiern und andere Events angemietet werden. Die Stadterneuerungsgesellschaft Gelsenkirchen (SEG) hat das Haus gekauft, genau wie viele andere Gebäude entlang der Bochumer Straße. Im Sinne einer positiven Quartiersentwicklung sollen auf diese Weise neue Nutzungsimpulse gesetzt werden.

Der Putz bröckelt, aber mit einem frischen Anstrich ist es bei dieser Immobilie vermutlich nicht getan. Doch gerade deshalb ist die Geschichte, die Volker Bruckmann über das Haus zu erzählen hat, so spannend. „Das ist das ehemalige Stadttheater", sagt der Vorsitzende des Heimatbundes Gelsenkirchen, und ergänzt: „Nach 1945 musste man in Gelsenkirchen eine neue Spielstätte suchen. Die bislang als Stadttheater genutzte Stadthalle im Stadtgarten wurde im Zweiten Weltkrieg zerstört."

Der Schauspieler Erich Paul gründete deshalb ein Theater mit Schauspiel und Operette an der Bochumer Straße 134. Inszeniert wurden bekannte Stücke wie *Die Rose von Stambul*, eine Operette von Leo Fall, oder *Professor Mamlock*, ein Schauspiel des Schriftstellers Friedrich Wolf. Um eine wirkliche Neunutzung des Gebäudes handelte es sich dabei nicht. Schon in den 1920er- und 1930er-Jahren wurde der Theatersaal im Anbau als Bunte Bühne genutzt. Heitere Theaterstücke, Operetten und Tanzaufführungen standen hier auf dem Programm.

„Das ist das ehemalige Stadttheater. Nach 1945 musste man in Gelsenkirchen eine neue Spielstätte suchen."

Das Stadttheater war in dem Gebäude nach dem Zweiten Weltkrieg allerdings nur kurzzeitig untergebracht. Denn etwa zeitgleich mit der Theatergründung von Erich Paul eröffnete der Hotelier Bernhard Meisterfeld im Bahnhofshotel ein Operettentheater, das Theater des Westens. Bereits 1948 entschied der Kulturausschuss der Stadt, das Theater an der Bochumer Straße und das *Theater des Westens* zusammenzulegen. Die *Städtischen Bühnen* wurden gegründet und gespielt wurde von nun an nicht mehr in Ückendorf, sondern im Hotel am Bahnhof und in der Aula des Grillo-Gymnasiums. „Das 1959 eröffnete und über die Stadtgrenzen hinaus bekannte Musiktheater im Revier hieß zunächst Städtische Bühnen", weiß der Vorsitzende des Heimatbundes. Die Vermutung, dass es sich dabei um den Nachfolger der Spielstätten Bahnhofshotel und Grillo-Gymnasium handelt, liegt deshalb nahe.

Elegant gekleidete Frauen und Männer, die voller Vorfreude auf die abendliche Theatervorstellung die Bochumer Straße entlang flanierten: Das ist aus heutiger Sicht schwer vorstellbar. Deutlich weniger kurios wirkt die Geschichte, wenn man wie Volker Bruckmann die Entwicklung der Bochumer Straße kennt. Er lebt selbst in Ückendorf. „Die Bochumer Straße war durch die Unmenge an Fachgeschäften, die sich auf beiden Straßenseiten aneinanderreihten, über den Stadtteil hinaus eine überaus beliebte Einkaufsstraße", erzählt er und ergänzt: „Ältere Gelsenkirchener sprechen sogar von der einstigen Prachtstraße."

Davon ist heute nicht mehr viel zu erkennen. Die schmuckvollen Gründerzeitfassaden sind zwar zum Teil erhalten, viele Gebäude stehen aber leer und sind stark sanierungsbedürftig. Eine Entwicklung, die der Vorsitzende des Heimatbundes unter anderem mit der Schließung des Gussstahlwerks 1984 erklärt, das sich auf dem Gelände des heutigen Wissenschaftsparks befand. In den 1960er-Jahren hatte bereits die Zeche Vereinigte Rheinelbe & Alma ihre Förderung eingestellt und 1980 gingen auch in der Glückauf-Brauerei die Lichter aus. Der Stadtteil verlor eine Industriestätte nach der anderen und eine Abwärtsspirale, wie man sie aus vielen anderen Gegenden kennt, setzte ein.

Das Gelsenkirchener Stadttheater wird vermutlich auf absehbare Zeit nicht mehr nach Ückendorf zurückkehren. Trotzdem könnte die Bühne an der Bochumer Straße 134 irgendwann wieder regelmäßig als Spielstätte genutzt werden. Seit einigen Jahren entdecken nämlich laut Volker Bruckmann immer mehr junge Kreativkünstler die Gegend für sich. Sie suchen keine top-sanierten Altbauten, sondern schätzen den Charme der in die Jahre gekommenen Gebäude, von denen vermutlich jedes einzelnen genau wie das Haus an der Bochumer Straße 134 eine spannende Geschichte erzählen könnte.

Maira Schröer

So geht's zum Anbau:

Das Stadttheater war in dem Anbau untergebracht, der sich im Hinterhof des Gebäudes an der Bochumer Straße 134 befindet.

An der Stelle des Thingplatzes steht heute die Veltins-Arena.

46

Thingplatz

Wo Größenwahn geplant war

Was für ein Theater! Erst herrschte große Begeisterung für diesen Bau, doch als es an die Kosten ging, wollte man das Vorhaben am liebsten totschweigen. Um im Bild zu bleiben: Was für das Theater die Bretter sind, die die Welt bedeuten, ist für den Schalker Fan der Rasen in der Veltins-Arena. Der Vergleich passt auch deshalb so gut, weil dort, wo heute die Arena steht, 1934 beinahe wirklich „die Bretter, die die Welt bedeuten," errichtet worden wären. Wie es dazu kam, beziehungsweise eben nicht kam, weiß Dr. Daniel Schmidt, Mitarbeiter des Instituts für Stadtgeschichte.

Gelsenkirchen hatte lange Zeit kein eigenes Theater. Die angespannte Haushaltslage der Stadt und ein nur auf dem Papier vorhandener Baufonds verhinderten die Errichtung eines eigenen Hauses. Und das, obwohl die Gastspiele, die die Stadt ausrichtete, großen Zuspruch fanden. In den 1930er-Jahren griffen die Nationalsozialisten die Idee der Laienspielbewegung aus der Zeit vor dem Krieg auf: In Gelsenkirchen sollte ein gigantisches Thingtheater entstehen. Mit dem Bezug auf die Germanen, die sie völkisch verklärten, sollte die Bevölkerung ihre Freizeit gemeinsam und gleichgerichtet gestalten. Mit Blick auf dieses Ziel heißt es in der gleichgeschalteten *Buerschen Zeitung* vom 25. Mai 1934: „Man wird sich ferner auf der Thingstätte einfinden, um die enge Volksverbundenheit zu bekräftigen, man wird sich gleich unseren Vorfahren zu Volksveranstaltungen mancherlei Art vereinen."

Propagandaminister Joseph Goebbels (1897-1945), der dem Reichsministerium für Volksaufklärung und Propaganda vorstand, bezeichnete das Thingspiel als „Theater der Fünfzig- und der Hunderttausend" und der Reichsbund der Freilicht- und Volksschauspiele (RFV) warb kräftig dafür.

Die *Buersche Zeitung* führt weiter aus: „So wird die Thingstätte zu einem Sammelpunkt aller Gauangehörigen, die gewillt sind, deutschen Brauch hochzuhalten, ihn im wahrhaft nationalsozialistischen Sinne zu pflegen und zu fördern. Sie wird eine Pflegestätte echt deutscher Kultur, auf der der Rütlischwur zum Volk, Vaterland und Führer immer wieder in vieltausend Herzen Widerhall finden und erneuert wird."

Als der RFV finanzielle Unterstützung des Reichsministeriums und des Freiwilligen Arbeitsdienst in Aussicht stellte, war die Stadt begeistert und schlug sogleich das Gelände in der Nähe des „Haus Berge" in Buer vor (siehe Geheimnis 34). Denn hier, so ergab ein „Gutachten" des Bueraner Lehrers und Leiters des Heimatmuseums Buer, Wilhelm Schmitt (1879-1961), habe sich schon in grauer Vorzeit ein Thingplatz, also ein alter germanischer Gerichts- und Versammlungsplatz, befunden: „Uralte ehrwürdige Geschichte weht um diese Thingstätte. [...] Reiches Volksleben hat sich um den ‚Berger Thingplatz' seit Jahrtausenden abgespielt [...], hier tagte die heilige Feme, hier sah man des Bauerntums Niedergang und Auferstehen [...]. Wo einst die Wildrosse auf der Emscherbrucher Wildbahn in Rudeln dahinstrichen, werden nun bald auf der Reichsautobahn die blitzschnellen Wagen dahinsausen. Das neue Volksthing aber wird noch weiter die Erinnerung an alte Geschichte und altes Volkstum leben lassen." In den Theaterstücken, die man hier aufführen würde, sollten Helden bestaunt werden. Aber auch das Volk banden die Nazis – etwa als Chor – ein, um den Einzelnen in der Masse aufzulösen, wie das Rundschreiben hervorhebt.

Die Stadt engagierte einen Architekten, ließ Skizzen anfertigen und plante. Federführend hierbei war der Ingenieur Hermann Fuchslocher (1889-1964). Dieser war seit 1923 Stadtbaurat für die Stadt Buer und nach dem Zusammenschluss mit Gelsenkirchen und Horst Baudezernent der Stadt, die zunächst noch Gelsenkirchen-Buer hieß und sich schließlich 1930 in Gelsenkirchen umbenannte.

Die Finanzierung des riesigen Bauvorhabens war noch gar nicht abschließend geklärt. „Zwar wollte der Freiwillige Arbeitsdienst die Arbeitskräfte stellen. Material, Unterbringung der Arbeitskräfte und zusätzliche Arbeiter hätten aber von der Stadt übernommen werden müssen", beschreibt Dr. Daniel Schmidt die finanzielle Situation. Entsprechende Berechnungen beliefen sich auf eine Summe von 1,5 Millionen Reichsmark.

Das Reichsministerium drängte, der RFV drängte. „Aber es wurde verschleppt, hingehalten und verzögert, sogar so weit, dass sich ein Mitarbeiter des Bauamtes über ungenaues Arbeiten und Verzögerungen der Planungen innerhalb der beteiligten Ämter beschwerte", berichtet Daniel Schmidt aus den Akten des Stadtarchivs. In einem Brief an den Baudezernenten schreibt der genannte Mitarbeiter: „Wenn jeder die Verpflichtung in sich fühlt, die Planung so fortzutreiben, wie dieses nötig ist, dann dürften nicht allein wir immer wieder darauf hinweisen, daß nun endlich die Fluchtlinien festgesetzt werden müssen." Er verschärft seinen Ton: „Wie wenig Interesse für den ordnungsgemässigen Fortgang unserer Arbeiten besteht, ist darauf zu ersehen, daß seit 3 Wochen Absteckungen im Bergerfeld vorgenommen werden, ohne unsere Kenntnis und zwar nach falschen Plänen", und schließt: „Auf jeden Fall war es allen Herren bekannt, daß die Lage von Flug- und Thingplatz nicht mehr stimmt und wenn einer behauptet, er hätte dieses nicht gewußt, dann ist dieses der Beweis dafür, daß er sich für seinen Arbeits- und Pflichtenkreis nicht ausreichend interessiert."

Die Tatsache, dass der Bau schon groß in der *Buerschen Zeitung* angekündigt worden war, machte die Vertuschung äußerst schwer. „Die Stadt wollte das monströse Projekt am liebsten klammheimlich im Sande verlaufen lassen", verrät Dr. Daniel Schmidt. Zwar ist in der *Buerschen Zeitung* nur noch von 100.000 Menschen, die sich auf dem Platz hätten einfinden können, die Rede, aber sie schreibt weiter: „Es ist darum außerordentlich erfreulich, daß diese Arbeit nicht vergebens gewesen ist, sondern in der nächsten Zeit schon verwirklicht werden wird, wie der Leiter der Landesstelle Westfalen-Nord des Propagandaministeriums [...] am Mittwoch in einer Pressebesprechung in Münster bekanntgeben konnte." Weiter heißt es, dass der „Wettbewerb um diese Anlage sehr stark war" und man damit rechnen könne, „daß schon in der nächsten Zeit außer den Arbeitern an der Reichsautobahn, die an der Thingstätte die fleißigen Hände rühren werden". Trotz der Reduzierung war es immer noch unrealistisch, weswegen aus diesem Größenwahn auch nichts wurde. Der Stadt gelang es, trotz der großen Ankündigung das Vorhaben im bürokratischen und verwaltungstechnischen Dschungel untergehen zu lassen, und gab den Bau auf. Die Pläne verschwanden in Aktenschränken und das Thingtheater geriet in Vergessenheit.

„Die Stadt wollte das monströse Projekt am liebsten klammheimlich im Sande verlaufen lassen."

Ein Glück für Schalke und seine Fans – ein Glück überhaupt! Eine Arena ist einem Nazi-Theater doch allemal vorzuziehen. Nicht zuletzt deshalb: Nationalsozialismus trennt. Fußball verbindet.

Mike Durlacher

So geht's zum Thingplatz:

Der Thingplatz befindet sich auf dem Gelände der Veltins-Arena und hätte beinahe das gesamte Areal eingenommen.

STRÖER
WORLDCLUBDOME
THE HOLLYWOOD EDITION
AFROJACK · ALLE FARBEN
ANGERFIST · AXWELL
COONE · DIMITRI VEGAS & LIKE
DON DIABLO · ERIC PRYDZ
LOST FREQUENCIES
MARTIN GARRIX · NERVO
PAUL KALKBRENNER
SOLOMUN · STEVE AOKI
TIËSTO · TIMMY TRUMPET
1/2/3 JUNE 2018 COMMERZBANK ARENA
WWW.WORLDCLUBDOME.

Parkstreifen

Ein merkwürdiger Kriminalfall

Es ist eine unfassbare Geschichte, nicht nur aus heutiger Sicht. Die Westfälische Rundschau schrieb bereits am 11. November 1958: „Ganz Gelsenkirchen spricht von einem unglaublichen Vorfall." Gemeint war eine Schießerei, die sich zwei Tage zuvor, an einem Sonntagmorgen, auf der Hohenzollernstraße im Stadtteil Bulmke ereignet hatte. „Ein Tiefbauunternehmer schoss auf zwei Bergleute", erklärt Dirk Slawetzki, der den Kriminalfall kennt. Ein aufsehenerregender Fall, über den nicht nur die lokale Presse berichtete. „Die Geschichte hat es bis in die Zeitschrift *Spiegel* geschafft", sagt der Gästeführer.

Als Tatort nennen die Zeitungen einen Parkstreifen zwischen der Bronnerstraße und der Wanner Straße. Außerdem wird in der Berichterstattung eine Litfaßsäule erwähnt. Der Parkstreifen ist noch heute an diesem Abschnitt der Hohenzollernstraße zu finden, eine Litfaßsäule steht hier ebenfalls nach wie vor. Es handelt sich aber nicht mehr um das Original von 1958, das wurde inzwischen gegen ein moderneres Modell ausgetauscht. Hier endete die Geschichte, und zwar auf tragische Weise: Die zwei Bergleute wurden mit schweren Schussverletzungen ins Krankenhaus gebracht.

Doch wie konnte es so weit kommen? Angefangen hatte alles schon etwas früher an der Horster Straße im Stadtteil Buer. „Die Bergleute waren in einem VW Käfer auf dem Heimweg von der Zeche Hugo V, als der Tiefbauunternehmer Hans H. mit seinem BMW die Verfolgung aufnahm", erzählt Dirk Slawetzki. In dem Volkswagen saßen drei Männer, zwei wurden später von den Kugeln des Unternehmers getroffen.

Was diesen dazu veranlasst hatte, das Fahrzeug der drei Kumpel durch die halbe Stadt zu jagen, ließ sich nicht vollständig aufklären. „Gegenüber der Polizei sprach Hans H. zunächst von einem Einbruch in seine Firma", weiß der Gästeführer. Dieser hatte aber

Dirk Slawetzki weiß, wo der Unternehmer auf die beiden Kumpel geschossen hat. Auch heute steht an dieser Stelle eine Litfaßsäule.

bereits einen Tag zuvor stattgefunden. „Die Version mit dem Einbruch, den die drei begangen haben sollen, muss fallengelassen werden. Sie sind, wie die Polizei ausdrücklich bestätigt, völlig unbescholten“, schreibt die Westfälische Rundschau. In einer zweiten Version erklärte der Schütze dann, der VW sei Schlangenlinien gefahren, weshalb er angenommen habe, dass der Fahrer betrunken sei. „Die Bergleute hatten sich nach Schichtende wohl tatsächlich ein Gläschen gegönnt“, sagt Dirk Slawetzki. Doch warum verständigte Hans H. nicht einfach die Polizei?

In einem dieser Häuser muss der Bergmann gewohnt haben.

Einer der Bergleute wohnte an der Hohenzollernstraße, weshalb schließlich der VW Käfer auf dem oben erwähnten Parkstreifen anhielt. Auch Hans H. stellte seinen BMW ab und verließ das Fahrzeug, um sich das Kennzeichen der drei Kumpel zu notieren. Laut der Westfälischen Rundschau gab der Unternehmer später an, die Bergleute hätten ihn daraufhin angegriffen. Sicher ist, dass es zu einer Auseinandersetzung kam, die Hans H. letztendlich mit Hilfe einer Waffe, seiner Walther PKK, für sich entschied. „Er zog die Pistole und antwortete den beharrlichen Fragern in Wildwest-Manier“, heißt es in der Ausgabe des Spiegel vom 25. Mai 1960.

Der Tiefbauunternehmer stellte sich der Polizei mit den Worten: „Ich habe aus Notwehr gehandelt.“ Eine Behauptung, die von der Presse bezweifelt wurde. Der Autor des Spiegel-Artikels schreibt, nicht frei von Ironie: „Er fühlte sich durch den Bergmann auch noch bedroht, nachdem er ihm in den Bauch geschossen hatte.“ Und die Westfälische Rundschau fragt: „Ist das noch Affekt, wenn man statt einem gleich fünf Schüsse in den Bauch eines Menschen hineinjagen will?“ Der Redakteur hat hierzu eine klare Meinung: „Raufbolde schlägt man schlimmstenfalls, aber man erschießt sie nicht.“

Das sahen die Richter offensichtlich anders. „Der Tiefbauunternehmer ging durch alle gerichtlichen Instanzen straffrei aus", sagt Dirk Slawetzki. Hierfür macht der Spiegel in erster Linie den zuständigen Staatsanwalt beim Landgericht in Essen verantwortlich, der bei der Würdigung der Ermittlungsfakten zu verblüffenden Ergebnissen gekommen sei. Er stellte das Verfahren ein. Die Bergleute legten zwar Beschwerde ein, doch das Oberlandesgericht Hamm wies die Strafanträge aus formalen Gründen ab und damit waren sie letztinstanzlich gescheitert.

Am Ende bleiben viele Fragen offen: Warum hat der Unternehmer nicht die Polizei verständigt? Warum hat er sich das Kennzeichen nicht im Auto sitzend notiert? Und warum hatte er denn eine Schusswaffe dabei? „Eine merkwürdige Geschichte", findet der Redakteur der Westfälischen Rundschau, der auch die Stellungnahme der Polizei kritisiert: „Der ganze amtliche Bericht ist derart mysteriös und für den gesunden Menschenverstand unglaublich, dass er in dieser Form überhaupt nicht hingenommen werden kann." Die Schussverletzungen der Bergmänner seien zum Beispiel wesentlich gefährlicher, als sie von der Polizei dargestellt würden. Davon habe er sich im Krankenhaus selbst überzeugt.

Vollständig aufklären lässt sich der Vorfall nicht mehr. Und doch verrät es laut Dirk Slawetzki viel über die gesellschaftliche Hierarchie der damaligen Zeit, wenn ein angesehener Unternehmer zwei unbewaffnete Bergleute auf offener Straße niederschießen kann und straffrei ausgeht.

Maira Schröer

So geht's zum Parkstreifen:

Der Parkstreifen, auf dem die drei Bergleute ihren VW Käfer abstellten, befindet sich an der Hohenzollernstraße zwischen der Bronnerstraße und der Wanner Straße.

Pendelstütze

Sicherung gegen eigenes Verschulden

Wer andern eine Grube gräbt fällt bekanntlich selbst hinein. Und wer andern eine Brücke baut, sollte zumindest darauf achten, dass das Bauwerk auch hält. Das gilt auch für die Pfeilerbrücke, die Teil der ehemaligen Erzbahntrasse ist. Die wäre nämlich ohne Sicherungsmaßnahmen mitnichten dazu geeignet, für die Ewigkeit stehen zu bleiben.
Das erzählt der Bundestagsabgeordnete und ehemalige Gelsenkirchener Oberbürgermeister Oliver Wittke und deutet auf die Pendelstützen, die die Pfeilerbrücke der Erzbahntrasse in der Nähe der Ostpreußenstraße in Gelsenkirchen-Ückendorf sichern: „Das, was über die Brücke transportiert wurde, war zum einen schwer, zum anderen führte der Abbau dieses Guts zu Bergschäden. Wenn die Brücke nicht gesichert worden wäre, wäre sie eingebrochen."
Transportiert wurden früher dort, wo heute Radler strampeln – in Richtung Süden zu den Hüttenwerken Erze und in Richtung Norden Kohle und Koks aus den angeschlossenen Zechen. Beides wurde dann entweder an die Hütten geliefert oder auf dem neuen Rhein-Herne-Kanal verschifft, um andernorts kohlehungrige Hochöfen zu füttern.

Die Trasse, die mit insgesamt 15 Brücken Täler, Straßen und Eisenbahnlinien überspannt, wurde aus Abraum – dem Material, das das Ruhrgebiet neben Kohle zu Genüge hatte – aus den unzähligen Stollen und Schächten der Zechen aufgeschüttet. Sie beginnt am Westpark, dem ehemaligen Werksgelände des Bochumer Vereins, auf dem heute die Jahrhunderthalle liegt, und endet am Hertener Emscherbruch. Seit 1901 wurde sie in Teilstücken errichtet. Das erste Teilstück entstand ganz im Süden und verband den Bochumer Verein mit der etwa 1,5 Kilometer nördlich gelegenen Zeche Carolinenglück auf Bochumer Gebiet. Der nächste Trassenabschnitt hingegen schloss zwischen 1912 und 1914 ganz im Norden

Oliver Wittke erklärt die Funktion dieser kleinen runden Stangen, die so außerordentlich wichtig sind.

der heutigen Strecke die Lücke zwischen Hafen Grimberg in Gelsenkirchen am gerade neu angelegten Rhein-Herne-Kanal und den Zechen und dem Hüttenwerk des Schalker Vereins. Weiter ging's dann 1918/1919 mit dem Anschluss der Zeche Alma in Gelsenkirchen-Ückendorf, für den auch die Pfeilerbrücke gebaut wurde, eben jene, die an der Ostpreußenstraße bewundert werden kann. „Über zwei andere Eisenbahnlinien und eine Talsenke erstreckt sie sich 345 Meter lang und 14 Meter hoch", schildert Wittke die Dimensionen der Brücke.

1929 wurde schließlich mit der Verbindung zwischen dem Schalker Verein und der Zeche Carolinenglück die letzte Lücke geschlossen. Mittlerweile befanden sich alle angeschlossenen Zechen und Hütten in der Hand der Rhein-Elbe-Union, die sich aus der Gelsenkirchener Bergwerks AG und der Deutsch-Luxemburgischen Bergwerks- und Hütten AG formiert hatte. „Eigentlich wäre dieses Teilstück schon früher fertig gewesen, die Pläne standen 1923 schon. Aber wegen der französischen Besatzung war das nicht möglich, auch die Reichsbahn wollte noch Änderungen an der Streckenführung sehen", erklärt der Bundestagsabgeordnete die Verzögerungen.

Die Brücken auf der Strecke haben kein einheitliches Aussehen, sie sind alle individuell gestaltet. Das hat aber nicht etwa einen ästhetischen oder künstlerischen, sondern ganz einfach einen praktischen Hintergrund: Zum einen wurden die Bauwerke den vor Ort herrschenden Begebenheiten und Anforderungen angeglichen. Zum anderen ist jede Ausführung ein Kind ihrer Zeit. Allerdings ist keine der Brücken geschweißt: „Das Schweißen setzte sich erst in den 30er-Jahren des letzten Jahrhunderts durch, alle Brücken sind genietet", weiß Wittke.

Dass die Erzbahn über bereits vorhandene Strukturen wie Straßen und andere Eisenbahnverbindungen verläuft, zeigt, dass sie erst gegen Ende der Industrialisierung des Ruhrgebietes errichtet wurde. Größtenteils liegt sie auf einem bis zu 18 Meter hohen Bahndamm, der am Fuß an seiner stärksten Stelle 54 Meter breit ist. Die Trasse, die mit insgesamt 15 Brücken Täler, Straßen und Eisenbahnlinien überspannt, wurde aus Abraum aufgeschüttet.

Der mittlere Abschnitt der Trasse ist besonders hoch, was uns wieder zur eingangs erwähnten Sicherungsmaßnahme führt. „Bergsenkungen waren schon da-mals häufig und hier im mittleren Bereich besonders heftig zu erwarten“, so Wittke. Durch die zusätzliche Höhe sollte den Senkungen entgegengewirkt werden, nach einer Senkung hätte die Trasse wieder eine normale Höhe gehabt. Die Pfeilerbrücke ist deshalb mit Pendelstützen ausgerüstet, die, vereinfacht gesagt, die Bergsenkung ausgleichen. Denn die Stützen sind an ihrem oberen und unteren Ende jeweils nicht mit dem Fundament und der Brückentragfläche starr verbunden, sondern flexibel. „Die Pfeilerbrücke ist in gewisser Weise höhenverstellbar. Mit Hubeinrichtung kann die Höhe der Pfeiler individuell eingestellt werden, um so ein Auseinanderreißen der Fahrbahn zu verhindern“, beschreibt der ehemalige Oberbürgermeister die Funktion dieser genialen Erfindung.

„Die Pfeilerbrücke ist in gewisser Weise höhenverstellbar. Mit Hubeinrichtung kann die Höhe der Pfeiler individuell eingestellt werden, um so ein Auseinanderreißen der Fahrbahn zu verhindern.“

Man kann also ohne Gefahr den Radweg auf der ehemaligen Erzbahnlinie befahren und die Aussicht von der längsten der Erzbahnbrücken genießen, denn die Erbauer der Pfeilerbrücke haben darauf geachtet, dass die Brücke hält, ganz sicher.

Mike Durlacher

So geht's zur Pendelstütze:

Die Pendelstützen befinden sich an der Pfeilerbrücke, die die Nummer 9 hat und an der Ostpreußenstraße zu sehen ist.

Bolzplatz

Von Affenkäfigen und Fußballmärchen

Affenkäfige heißen sie im Volksmund. Auch wenn hier keine Primaten gehalten werden, ist das eine durchaus nachvollziehbare Bezeichnung: ein Ascheplatz, eingezäunt von einem mehrere Meter hohen, grünen Gittergestell. Die Bolzplätze gehören zu Gelsenkirchen wie der FC Schalke 04 und die Bergbaugeschichte. Überall im Stadtgebiet sind sie zu finden. 40 werden auf der Internetseite der Stadt aufgelistet, der wohl bekannteste liegt an der Olgastraße. Mesut Özil, deutscher Nationalspieler und Weltmeister, hat hier Fußball spielen gelernt.

Dirk Slawetzki kennt die Geschichte des Weltstars. Der Gästeführer ist selbst nicht weit von der Olgastraße entfernt aufgewachsen, auf der anderen Seite des Bulmker Parks. Es ist eine schöne Geschichte, die Geschichte des Aufstiegs von einem Sohn türkischer Einwanderer, der es bis an die Spitze des Profi-Sports geschafft hat. Ein kleines Fußballmärchen, das laut Dirk Slawetzki für Gelsenkirchen aber gar nicht untypisch ist.

„Gelsenkirchen hat mehr Nationalspieler hervorgebracht als jede andere Stadt in Deutschland“, sagt er. Eine kühne Behauptung, die aber durch eine Recherche des ZEITmagazins aus dem Fußball-Weltmeisterschaftsjahr 2010 bestätigt wird. In dem Artikel heißt es: „München, welches den erfolgreichsten deutschen Fußballverein stellt, brachte neun Nationalspieler hervor, die an einer WM teilnahmen. Gelsenkirchen, das viel weniger Einwohner als München hat und eine etwas weniger erfolgreiche Bundesligamannschaft, zählt 14 Nationalspieler – keine andere Stadt hatte so viele.“ Heute sind es sogar noch mehr, so ist beispielsweise mit Ilkay Gündogan 2011 ein weiterer Gelsenkirchener in die deutsche Startelf aufgestiegen.

Doch warum haben so viele spätere Profi-Fußballer ihre ersten Treffer auf Gelsenkirchener Asche versenkt? Liegt es an den Bolz-

Dirk Slawetzki ist nicht weit von dem Bolzplatz an der Olgastraße entfernt aufgewachsen.

plätzen? Vermutlich ist hierfür in erster Linie die dichte Besiedlung des Ruhrgebiets verantwortlich: Viele Städte auf engem Raum, fast jede hat ihren eigenen Fußballclub und alle buhlen um die besten Nachwuchsspieler. „Es gibt eine riesige Konkurrenz und deshalb eine sehr professionelle Jugendarbeit“, sagt Dirk Slawetzki und ergänzt: „Fußball war und ist hier auch immer eine Gelegenheit zum sozialen Aufstieg.“

Die Sportart ist tief in der Stadt verwurzelt, das zeigen auch die vielen Bolzplätze. Seit den 1960er-Jahren werden sie bei fast jeder Quartiersplanung mitbedacht. „Früher haben die Kinder auf der Straße Fußball gespielt“, erzählt der Gästeführer, „aber als der Autoverkehr immer mehr zunahm, wurde das zu gefährlich.“ Die Affenkäfige waren die Lösung – eine angesichts der engen Wohnbebauung geniale Erfindung. Schließlich verhindern sie, dass jeder leicht verschossene Ball gleich in einer Fensterscheibe landet.

„Es gibt eine riesige Konkurrenz und deshalb eine sehr professionelle Jugendarbeit. Fußball war und ist hier auch immer eine Gelegenheit zum sozialen Aufstieg.“

Auf den Bolzplätzen darf allerdings nicht jeder Fußball spielen. An der Olgastraße erklärt ein weißes Schild, dass der Zutritt nur für Kinder und Jugendliche unter 14 Jahren erlaubt ist. Im Käfig selbst herrscht das Recht des Stärkeren. Jedenfalls war das so, als Dirk Slawetzki hier als Kind gespielt hat. „Wenn wir ältere Jungs gefragt haben, ob wir mitspielen können, hieß es immer: Zeigt mal euren Ball.“ Wurde das Leder für gut befunden, durften die Jüngeren auf den Platz, ansonsten nicht.

Die Stadt, der Fußball und die Affenkäfige – das ist eine besondere Beziehung. Was diese Bindung ausmacht, zeigt eine Geschichte, die Dirk Slawetzki über Reinhard (Stan) Libuda (1943-1996) zu erzählen hat, den berühmten Schalker Dribbelkünstler, der mit seinem Treffer gegen Schottland der deutschen Nationalelf 1969 die Qualifikation zur Fußballweltmeisterschaft 1970 in Mexiko ermöglichte. Seinen Spitznamen „Stan“ bekam Reinhard Libuda in Anlehnung an den legendären englischen Rechtsaußen Sir Stanley Matthews, der als „Erfinder“ des Matthews-Tricks (links antäuschen, rechts vorbeigehen) gilt, den Libuda perfekt beherrschte. Libudas Eltern lebten im Stadtviertel Haverkamp. „Im Zweiten Weltkrieg wurden sie ausgebombt und mussten die Stadt verlassen", sagt der Gästeführer. Nach dem Krieg kehrten sie mit ihrem Sohn in die Heimat zurück. Damals gerade zwei Jahre alt, geht Libuda also durchaus als „quasi" gebürtiger Gelsenkirchener durch. Beim FC Schalke 04 großgeworden, wechselte er 1965 zum Reviergegner Borussia Dortmund, wo ihm am 5. Mai 1966 sein berühmtestes Tor gelang und er für den BVB den Sieg im Europapokal der Pokalsieger sicherte.

„Gelsenkirchen hat mehr Nationalspieler hervorgebracht als jede andere Stadt in Deutschland."

Die Entscheidung, für den Rivalen aus Dortmund zu spielen, war laut Dirk Slawetzki durchaus nachvollziehbar. „Schalke war gerade abgestiegen", erklärt er. Auch wenn die Königsblauen schließlich dank der Erweiterung der Bundesliga auf 18 Vereine doch den Klassenerhalt schafften. Libudas Gastspiel für den BVB dauerte jedenfalls nicht lange. Und seine Rückkehr 1968 zum FC Schalke 04 hatte nicht nur mit Fußball zu tun. „Er hatte Heimweh und wollte nach Gelsenkirchen zurück", erzählt der Stadtkenner: auch so ein kleines Fußballmärchen, wie es unzählige aus der Ruhrgebietsmetropole zu berichten gibt.

Maira Schröer

So geht's zum Bolzplatz:

Der Bolzplatz an der Olgastraße befindet sich schräg gegenüber von dem Gebäude mit der Hausnummer 18.

Jsaak Neuwald
geb. 26. Oktober 1843 gest. 9. Oktober 1923

50

Grabsteine

Unterschiedlichste Sitten auf einem Friedhof

Lateinische Buchstaben und hebräische Schriftzeichen. Manche der Grabsteine sind sowohl auf der Vorderseite als auch auf der Rückseite beschriftet. Segenssprüche, Symbole, Steinchen und sehr viel Efeu: All das ist auf dem alten jüdischen Friedhof in Gelsenkirchen-Bulmke zu sehen. Aber warum diese doppelte Ausführung in zwei Sprachen auf denselben Grabsteinen – und dann wieder Inschriften nur auf Deutsch oder nur auf Hebräisch? „Eigentlich würde der jüdische Text genügen, doch viele der hier Begrabenen haben sich ihrem abendländisch-christlichen Umfeld in gewisser Weise angepasst", erklärt Judith Neuwald-Tasbach, Vorsitzende der Jüdischen Gemeinde Gelsenkirchen. Dies zeigt sich einerseits an der Verwendung sowohl der hebräischen als auch der deutschen Sprache auf den Grabsteinen. Zum anderen ist die christliche Zeitrechnung oft auf den Grabsteinen zu sehen – sogar öfter als die jüdische. Diese beginnt im Jahr 3.761 vor Christus, das der jüdische Philosoph Moses Maimonides (1135-1204) als biblisches Datum der Schöpfung ausgemacht hat. Auf manchen Grabsteinen finden sich die hebräische und die deutsche Inschrift nebeneinander, manchmal die eine Sprache auf der Vorderseite, die andere auf der Rückseite des Steines. Interessanterweise sehen sich die Grabsteine alle ähnlich. Manche sind ganz schlicht und stelenartig, andere etwas ausgeschmückter, aber fast alle aus Sandstein, wenige aufwendiger und aus Marmor.

Es gibt einige Gemeinsamkeiten, aber auch Unterschiede. So ist auf manchen oben folgende Inschrift zu sehen: נ"פ Diese bedeutet *hier ist begraben* und weist darauf hin, dass hier tatsächlich der Körper des Verstorbenen liegt, wie es auch bei Neuwald-Tasbachs Urgroßvater zutrifft, der hier seine letzte Ruhestätte fand. Fehlt diese Inschrift, ist der Leichnam nicht zwingend hier beerdigt. Trägt ein Grabstein die Inschrift jedoch, darf die dazugehörige

Judith Neuwald-Tasbach am Grab ihres Urgroßvaters.

Grabstätte – nach den jüdischen Bestattungsregeln – bis zum Ende aller Tage nicht versetzt werden, um zum einen die Totenruhe nicht zu stören und zum anderen die Auferstehung zu ermöglichen. Aus demselben Grund dürfen jüdische Leichname auch nicht verbrannt werden. Weil der Mensch als Abbild Gottes erschaffen wurde, darf er selbst nach dem Tod nicht verstümmelt werden, wozu nach jüdischen Vorstellungen auch eine Verbrennung gehört. Das bezieht sich auch auf Obduktionen. Nur unter bestimmten Bedingungen, etwa wenn der Verdacht besteht, dass die Person eines unnatürlichen Todes gestorben ist, soll sie gestattet sein, in so begrenztem Umfang wie möglich. Obduktionen etwa zur Klärung der genauen Todesursache oder aus Versicherungsgründen sind nicht erlaubt.

Eine weitere Anpassung an die örtlichen, das heißt mitteleuropäischen Gepflogenheiten ist die Tatsache, dass jüdische Gemeindemitglieder in einem Sarg beerdigt werden. „Daher arbeiten wir eng mit einem Bestatter zusammen, der die Särge in der einfachsten Ausführung ohne Schmuck und ohne Beschläge für uns herstellt", sagt Judith Neuwald-Tasbach. „Das widerspricht eigentlich den jüdischen Vorschriften, Juden wollen lediglich bekleidet mit sogenannten *Tachrichim* – einer weißen Leinenhose, einem langen weißen Obergewand, Leinenschuhen und einer leinenen Kopfbedeckung – begraben werden. Dies rührt daher, dass für einen Juden die Zeit auf der Erde als Sühne angesehen wird, wie dem *Talmud* im Buch Berakhot 18b zu entnehmen ist. Dem Toten wird auch ein Säckchen mit Erde aus dem Heiligen Land mitgegeben, denn nach Sanherin 46b kann nur die Erde von dort dem Toten wirklich Sühne bringen."

Im jüdischen Glauben ist es Tradition, dass der Verstorbene, wenn möglich, noch am Tag seines Todes beerdigt werden soll, außer am Schabbat oder an Feiertagen. Das hat schon im 18. Jahrhundert für Probleme gesorgt, denn Herzog Friedrich von Mecklenburg-Schwerin (1717-1785) verbot die Praxis der umgehenden Beerdigung in seinem Herzogtum, um die Beisetzung von Scheintoten zu vermeiden. Die mecklenburgischen Juden protestierten daraufhin und suchten Rat bei Moses Mendelssohn (1729-1786), der nicht nur ein wichtiger Philosoph, sondern auch ein prägender Vertreter der jüdischen Aufklärung war. Dieser erklärte aber, wie Meyer Kayserling (1829-1905) in seinem Werk *Moses Mendelssohn. Sein Leben und Wirken* schreibt: „Der Brauch einer sofortigen Beerdigung sei durch kein Religionsgesetz eingeführt und geringfügiger Ursachen wegen häufig umgangen worden. Das Uebernachten des Todten müsse umso mehr als Pflicht angesehen werden, wenn der entfernteste Zweifel vorhanden sei, daß er wieder erwachen könne. [...] Er gibt ferner zu erwägen, daß die Juden in den ältesten Zeiten die Leichen in unterirdischen Höhlen zu einer dreitägigen Bewachung beigesetzt hätten und daß nach den Erfahrungen bewährter Aerzte Fälle von Scheintod nicht ausgeschlossen seien." Auch heute sieht die deutsche Gesetzgebung diese Wartezeit vor. Demzufolge müssen mindestens 24 Stunden nach der Feststellung des Todes durch einen Arzt vergehen, bevor der Leichnam begraben werden darf.

Ein Beispiel für die Vermischung der jüdischen Tradition mit ihrem Umfeld.

So vermischten sich altjüdische Traditionen und Bräuche mit denen der sie umgebenden Kultur. So wie sie sich gegenseitig im Leben beeinflussten, beeinflussen sie sich auch hier – im „Haus der Ewigkeit".

Mike Durlacher

So geht's zu den Grabsteinen:

Die Grabsteine befinden sich auf dem alten jüdischen Friedhof in Bulmke an der Ecke Wanner Straße / Oskarstraße.

Quellen, Literatur, Bildnachweis

Albert-gieseler.de: „Gewerkschaft Orange, vorm. Schalker Verein für Kesselfabrikation". URL: http://www.albert-gieseler.de/dampf_de/firmen0/firmadet1796.shtml. Abgerufen am 03.05.2018.

Alfred Schmidt Haus. URL: http://www.alfred-schmidt-haus.de. Abgerufen am 18.04.2018.

Alshut, Elmar; Peine, H-W.: Schloss Horst in Gelsenkirchen. Herausgegeben im Auftrag der Wartburg-Gesellschaft von G. Ulrich Großmann. Regensburg 2006, S. 4.

Archipendium.de: „Pendelstütze". URL: https://archipendium.com/architekturwissen/architektur-lexikon/pendelstuetze/. Abgerufen am 09.05.2018.

Architektenkammer Nordrhein-Westfalen: „Josef Franke (1876-1944): Gebaute Wegmarken". URL: http://www.aknw.de/aktuell/architekten-in-nrw/retrospektive/detailansicht/artikel/josef-franke-1876-1944-gebaute-wegmarken/. Abgerufen am 17.04.2018, 07.05.2018.

Arendt, Max; Brepohl, Wilhelm: Deutschlands Städtebau. Gelsenkirchen. Berlin 1922.

Baukunst-nrw: „Evangelische Altstadtkirche Gelsenkirchen". URL: http://www.baukunst-nrw.de/objekte/Evangelische-Altstadtkirche-Gelsenkirchen--2473.htm. Abgerufen am 29.04.2018.

Baukunst-nrw: „Musiktheater im Revier (MIR)". URL: http://www.baukunst-nrw.de/objekte/Musiktheater-im-Revier-MIR--255.htm. Abgerufen am 26.04.2018.

Beeke, Christoph: „Das Zahnrad am Junkerweg". In: Kraus, Alexander; Schmidt, Daniel (Hrsg.): Eine Geschichte des modernen Gelsenkirchen in 25 Objekten. Essen 2016, S. 99-108.

Bergmann, Sigurd; Gerten, Dieter: „Religion in Climate and Environmental Change. Towards a Symphony of Voices, Memories and Visions in a New Polycentric Field". In: Bergmann, Sigurd; Gerten, Dieter (Hrsg.): Religion and Dangerous Environmental Change. Transdisciplinary Perspectives on the Ethics of Climate and Sustainability. Berlin 2010, S. 1-10.

Bork, Benjamin: Evangelische Bleckkirche Gelsenkirchen, Regensburg 2010.

Brockhaus, Hermann (Hrsg.): Allgemeine Encyklopädie der Wissenschaften und Künste, Erste Section, A-G, 94. Teil, Leipzig 1875, S.329-330.

Buersche Zeitung vom 25. Mai 1934: „Westfalens erste Thingstätte".

Bund Deutscher Architekten Nordrhein-Westfalen: „Die Mischung macht's in Gelsenkirchen: Zurück zum urbanen Quartier – Gelsenkirchen-Ückendorf". URL: http://bda-nrw.de/2017/10/die-mischung-machts-in-gelsenkirchen-zurueck-zum-urbanen-quartier-gelsenkirchen-ueckendorf/. Abgerufen am 01.05.2018.

Bundesamt für Bevölkerungsschutz und Katastrophenhilfe: „Öffentliche Schutzräume". URL: https://www.bbk.bund.de/DE/AufgabenundAusstattung/BaulicherBevoelkerungsschutz/Schutzräime/schutzbau_node.html. Abgerufen am 22.03.2018.

Bundesanzeiger Verlag: Gesetz über bauliche Maßnahmen zum Schutz der Zivilbevölkerung (Schutzbaugesetz) vom 9. September 1965. URL: https://www.bgbl.de/xaver/bgbl/start.xav?start=//*%5B@attr_id=%27bgbl165s1232.pdf%27%5D#__bgbl__%2F%2F*%5B%40attr_id%3D%27bgbl165s1232.pdf%27%5D__1521713523363. Abgerufen am 22.03.2018.

Chemieatlas.de: „Historische Entwicklung der Chemischen Industrie im Ruhrgebiet". URL: https://www.chemieatlas.de/information-service/chemie-im-ruhrgebiet/historische-entwicklung/. Abgerufen am 10.04.2018.

Chemie.de: „Grubengas". URL: http://www.chemie.de/lexikon/Grubengas.html. Abgerufen am 13.04.2018.

Deckers, Hubert: Die Fenster von St. Joseph-Schalke. Vom Zauber sakraler Glasmalerei, Gelsenkirchen 2013.

Der Spiegel vom 25.05.1960: „Notwehr: Sieben Schüsse". URL: http://magazin.spiegel.de/EpubDelivery/spiegel/pdf/43065788. Abgerufen am 05.04.2018.

Der Spiegel: „Die Dahlbusch-Bombe". In: Der Spiegel. Heft 46, 1963, S. 33.

Der Westen: „Stan Libuda war mit Ball virtuos, aber ohne Ball überfordert". URL: https://www.derwesten.de/sport/fussball/1-bundesliga/stan-libuda-war-mit-ball-virtuos-aber-ohne-ball-ueberfordert-id7924833.html. Abgerufen am 25.03.2018.

Deutsche Biographie: „Grässel, Hans-Georg". URL: https://www.deutsche-biographie.de/gnd119018381.html. Abgerufen am 24.04.2018.

Die Tageszeitung (taz) vom 11.12.1991: „Heute Kohlehalde, morgen Park".

Dittmar, Jakob Friedrich: Inszenierte Industrie in der postindustriellen Stadt. Vom Umgang mit stillgelegten Industrieanlagen. Dissertation. Essen 2002, S. 63-65.

Edelmayer, Friedrich: „Die ‚Leyenda negra' und die Zirkulation antikatholisch-antispanischer Vorurteile". In: Europäische Geschichte Online. URL: http://ieg-ego.eu/de/threads/modelle-und-stereotypen/das-spanische-jahrhundert-16.-jhd/friedrich-edelmayer-die-leyenda-negra-und-die-zirkulation-antikatholisch-antispanischer-vorurteile. Abgerufen am 08.05.2018.

Energiestatistik-nrw.de: „Steinkohle". http://www.energiestatistik-nrw.de/themen/steinkohle. Abgerufen am 13.04.2018.

Evangelischer Kirchenkreis Gelsenkirchen und Wattenscheid: „Fast wie ein Stall". URL: https://www.kirchegelsenkirchen.de/infos/unsere-kirchen/bleckkirche/.

Abgerufen am 04.05.2018.

Evangelischer Kirchenkreis Gelsenkirchen und Wattenscheid: „Ökumenisches Zentrum St. Ida“. URL: https://www.kirchegelsenkirchen.de/infos/unsere-kirchen/oezi-sankt-ida/. Abgerufen am 27.04.2018.

FC Gelsenkirchen-Schalke 04: „Epochen“. URL: https://schalke04.de/verein/epochen/. Abgerufen am 30.04.2018.

Festschrift anläßlich des 50jährigen Bestehens der Synagogen-Gemeinde Gelsenkirchen. Geschichte der Synagogen-Gemeinde und ihrer Vereine nebst zwei Abhandlungen. Gelsenkirchen 1924.

Franken-Wiki: „Nürnberger Trichter“. URL: http://www.franken-wiki.de/index.php/Nürnberger_Trichter. Abgerufen am 07.04.2018.

Fußballclub Gelsenkirchen Schalke 04: „1905 / Ernst Kuzorra“. URL: https://schalke04.de/1905-2/. Abgerufen am 01.04.2018.

Gelsendienste: „Friedhofssatzung der Stadt Gelsenkirchen vom 18.12.2009“. URL: https://www.gelsendienste.de/Kopfnavigation/Downloads/Satzungen/Friedhoefe/friedhofssatzung_gelsenkirchen.pdf. Abgerufen am 15.04.2018.

Gelsendienste: „Friedhöfe im Stadtgebiet“. URL: https://www.gelsendienste.de/Friedhoefe/Unsere_Leistungen/Friedhoefe_im_Stadtgebiet/default.asp. Abgerufen am 15.04.2018.

Gelsenkirchener Allgemeine Zeitung vom 11. November 1938: „Judenfeindliche Kundgebungen im ganzen Reich“. URL: http://www.gelsenzentrum.de/9_november_2010_gelsenkirchen.htm. Abgerufen am 27.05.2018.

Gelsenkirchen. Die Stadtzeitung 1/2014: „Ückendorfs Bunte Bühne. Die wechselvolle Geschichte der Bochumer Straße 134“. URL: https://medienarchiv.gelsenkirchen.de/admin/zip/PS-100815GEL-001308.pdf. Abgerufen am 01.05.2018.

Gelsenkirchener Geschichten Wiki: „Altes Stadtwappen“. http://www.gelsenkirchener-geschichten.de/wiki/Altes_Stadtwappen. Abgerufen am 11.04.2018.

Gelsenkirchener Geschichten Wiki: „Berliner Brücke“. URL: http://www.gelsenkirchener-geschichten.de/wiki/Berliner_Brücke. Abgerufen am 21.03.2018.

Gelsenkirchener Geschichten Wiki: „Hubert Nietsch“. URL: http://www.gelsenkirchener-geschichten.de/wiki/Hubert_Nietsch. Abgerufen am 07.04.2018.

Gelsenkirchener Geschichten Wiki: „Reinhard Libuda“. URL: http://www.gelsenkirchener-geschichten.de/wiki/Reinhard_Libuda. Abgerufen am 02.04.2018.

Gelsenkirchener Geschichten Wiki: Siedlung Klapheckenhof. URL: http://www.gelsenkirchener-geschichten.de/wiki/Siedlung_Klapheckenhof. Abgerufen am 10.04.2018.

Gelsenkirchener Geschichten Wiki: „Westfriedhof“. URL: http://www.gelsenkirchener-geschichten.de/wiki/Westfriedhof. Abgerufen am 24.04.2018.

Gelsenzentrum.de: „Die Nachkriegszeit“. URL: http://www.gelsenzentrum.de/stunde_null.htm. Abgerufen am 30. März 2018.

Gelsenzentrum.de: „Die Novemberpogrome vom 9. November 1938 in Gelsenkirchen“. URL: http://www.gelsenzentrum.de/Novemberpogrome_1938_Gelsenkirchen.pdf. Abgerufen am 07.05.2018.

Grimm, Jakob und Wilhelm: Deutsches Wörterbuch. Band 10. Leipzig 1877, Spalte 438.

Haarmann, Karl; u.a.: Der Bergmannsfreund. Ein Ratgeber zur Bekämpfung der Unfallgefahren im Steinkohlebergbau. Bochum 1927, S. 137.

Hahn, Gertrud: Dorf Laer. Haus Laer und die Familie V.D. Leithen. In: Bochumer Zeitpunkte Nr. 16. Bochum 2015, S. 22f. URL: http://www.kortumgesellschaft.de/tl_files/kortumgesellschaft/content/hans/BZ%20Reprint%20017%20Dorf%20Laer.pdf. Abgerufen am 23.05.2018.

Häpke, Ulrich: Von den Markenteilungen bis zum Emscher Landschaftspark: Freiraumverluste und Freiraumschutz im Ruhrgebiet. Dissertation. Kassel 2009, S. 257-302.

Hans-Sachs-Haus Gelsenkirchen: „Theater und Oper im Hans-Sachs-Haus“. URL: https://www.hsh-ge.de/ku-ver-45-thea54.htm. Abgerufen am 02.05.2018.

Haussherr, Hans: „Blücher von Wahlstatt, Gebhard Leberecht Fürst“. In: Neue Deutsche Biographie 2 (1955), S. 317-319. URL: https://www.deutsche-biographie.de/pnd118511882.html#ndbcontent. Abgerufen am 11.05.2018.

Heidemann, Lutz; Schäfer, R.; Spickermann, H.: 100 Jahre Michaelkirche in Gelsenkirchen-Buer-Hassel. Herausgegeben vom Förderverein der Kirche St. Michael Gelsenkirchen-Hassel. Gelsenkirchen 2017, S. 88, 142-147.

Heidemann, Lutz; Stadt Gelsenkirchen: Siedlung Erdbrüggenstraße. URL: http://www.baukunst-nrw.de/objekte/Siedlung-Erdbrueggenstrasse--1910.htm. Abgerufen am 02.05.2018.

Heidemann, Lutz: Stadtprofile Gelsenkirchen. Werkssiedlungen. Herausgegeben von der Stadt Gelsenkirchen. Gelsenkirchen 2013.

Historisches Architektenregister: „David Schuster“, „Hans Grässel“. URL: http://www.kmkbuecholdt.de/historisches/personen/Architekten00.htm. Abgerufen am 24.04.2018.

Holin, Eberhard: „Am Ende der Unterdrückungspyramide – Teil 2“. In: Equivox. Magazin Ausgabe 244 vom 30.11.2003. URL: http://equivox.de/Magazin/244/Hauptartikel. Abgerufen am 15.05.2018.

Höfken, Dr. Günter: Aus der Geschichte des Deutzer Oberhofes Schulte-Herveling in Leithe (zugleich ein Beitrag zur Geschichte des Adelsge¬schlechts von der Leithen). Band 55. Essen 1937, S. 69–112.

Initiativkreis Bergwerk Consolidation: „Zechenchronik“. URL: http://www.ib-consolidation.de/zechenchronik/1923-1959/index.html. Abgerufen am 03.05.2018.

Institut für Stadtgeschichte: „Das Gelsenkirchener Rathaus". URL: https://www.gelsenkirchen.de/de/stadtprofil/stadtgeschichten/stadtbild_und_baugeschichte/_gelsenkirchener_rathaus.aspx. Abgerufen am 11.04.2018.

Institut für Stadtgeschichte: „Friedrich Grillo (1825-1888)". URL: https://www.gelsenkirchen.de/de/stadtprofil/stadtgeschichten/gelsenkirchener_persoenlichkeiten/friedrich_grillo.aspx. Abgerufen am 10.04.2018.

Institut für Stadtgeschichte: „Gelsenkirchener Bergwerks AG und Emil Kirdorf". URL: https://www.gelsenkirchen.de/de/stadtprofil/stadtgeschichten/erinnerungsorte/_gelsenkirchener_bergwerks_ag_und_emil_kirdorf.aspx. Abgerufen am 17.04.2018.

Institut für Stadtgeschichte: „Stadtname und Stadtwappen". URL: https://www.gelsenkirchen.de/de/stadtprofil/stadtgeschichten/stadtname_und_stadtwappen/index.aspx. Abgerufen am 11.04.2018.

Institut für Stadtgeschichte: „William Thomas Mulvany". URL: https://www.gelsenkirchen.de/de/stadtprofil/stadtgeschichten/gelsenkirchener_persoenlichkeiten/william_thomas_mulvany.aspx. Abgerufen am 13.04.2018.

Institut für Stadtgeschichte: „Zur Geschichte der Bergbauunternehmen". URL: https://www.gelsenkirchen.de/de/stadtprofil/stadtgeschichten/stadtgeschichte/zur_geschichte_der_bergbauunternehmen.aspx. Abgerufen am 13.04.2018.

Kayserling, Meyer: Moses Mendelssohn. Sein Leben und Wirken. Leipzig 1888, S. 277-281.

Keller, Ludwig: „Die Gegenreformation in Westfalen und am Niederrhein. Actenstücke und Erläuterungen. Erster Theil (1555-1585)". In: Publicationen aus den K. preußischen Staatsarchiven. Neunter Band. Leipzig 1881, S. 18.

Kraus, Alexander; Schmidt, Daniel (Hrsg.): Stadt auf Kohle. Ein Lesebuch zur Geschichte der Zechen in Gelsenkirchen. Essen 2014.

Kretschmann, Prof. Dr. Jürgen; Melchers, Prof. Dr. Christian (Hrsg.): Done for Good. Challenges of Post-Mining. Bochum 2016.

Kruschinski, Olivier: Fussballreiseführer. Schalke erleben. Ein königsblauer Streifzug durch Gelsenkirchen. Göttingen 2016, S. 33 f., 44-46, 60-66, 70-73, 77-79, 79-81, 104-108, 126-129.

Kurowski, Hubert: Zeitsprünge Gelsenkirchen. Erfurt 2011, S. 48 f.

Lautsch, Peter: „NRW in Rekorden. NRWs größter Reisspeicher". Radiobeitrag des WDR vom 09.12.2014. URL: http://web.archive.org/web/20141225044610/http://www.wdr5.de/sendungen/westblick/serien/nrwrekordereisspeicher100.html. Abgerufen am 03.05.2018.

Leo, Wilhelm: Lehrbuch der Bergbaukunde. Für Bergschulen und zum Selbstunterricht, insbesondere für angehende Bergbeamte, Bergbau-Unternehmer, Grubenbesitzer. Quedlinburg 1861, S. 435-460.

Looz-Corswarem, Clemens Graf von: „Nesselrode, von". In: Neue Deutsche Biographie 19 (1999), S. 73 f. URL: https://www.deutsche-biographie.de/pnd138042977.html#ndbcontent. Abgerufen am 04.05.2018.

Lueger, Otto: „Walzen, Walzenstraße, Walzwerk". In: Lexikon der gesamten Technik und ihrer Hilfswissenschaften. Band 8. Leipzig 1910, S. 825-835.

Matschoss, Conrad: Ein Jahrhundert Deutscher Maschinenbau. Von der mechanischen Werkstätte bis zur Deutschen Maschinenfabrik 1818-1919. Berlin 1919, S. 289-291.

Musiktheater im Revier: „Baukunst. Das schönste Opernhaus im Revier". URL: https://musiktheater-im-revier.de/#!/de/general/baukunst/. Abgerufen am 26.04.2018.

Mutz, Marina Alice: Erkenntnisse über die Schädlichkeit von Kinderarbeit. URL: http://www.zeitspurensuche.de/02/kinder2.htm. Abgerufen am 30.05.2018.

Pfarrgemeinde St. Joseph Gelsenkirchen-Schalke: „Chronik der Pfarrer an St. Joseph Schalke". URL: http://www.st-joseph-gelsenkirchen.de/index.php?article=67. Abgerufen am 13.04.2018.

Rickmers, Kristina: Die Geschichte der Grubenpferde. URL: http://www.rrf-online.de/referenz/grubenpferde.pdf. Abgerufen am 15.05.2018.

Ruhr Nachrichten vom 3. April 1996: „Auf der 4. Sohle des Schachtes Polsum. Bergbauzeichner stellt 840 Meter unter der Erde aus".

Ruhrzechenhaus.de: Zeche Consolidation in Gelsenkirchen-Schalke. URL: http://www.ruhrzechenaus.de/gelsenkirchen/ge-consol.html. Abgerufen am 03.05.2018.

Ruhrzechenhaus.de: Zeche Dahlbusch in Gelsenkirchen-Rotthausen. 1859 – 1966. URL: http://www.ruhrzechenaus.de/gelsenkirchen/ge-dahlbusch.html. Abgerufen am 23.05.2018.

Ruhrgebiet-Industriekultur.de: Zeche Consolidation „Consol" in Gelsenkirchen. URL: https://www.ruhrgebiet-industriekultur.de/zeche-consol.html. Abgerufen am 03.05.2018.

Schmidt, Christoph: Nationalsozialistische Kulturpolitik im Gau Westfalen-Nord. Regionale Strukturen und lokale Milieus (1933-1945). Marburg 2005.

Schneiders, Hildegard: Der katholische Altstadtfriedhof. Grabsteine erzählen Gelsenkirchener Stadtgeschichte. Herausgegeben vom Heimatbund Gelsenkirchen in der Reihe „Gelsenkirchen in alter und neuer Zeit". Heft 14. Gelsenkirchen 2017, S. 40-44, 70-72.

Schneiders, Hildegard: Hans Meier und seine Söhne. Die Entdeckung einer vergessenen Bildhauerfamilie. Herausgegeben vom Heimatbund Gelsenkirchen. Gelsenkirchen 2018, S. 6-25, 43-45, 45-46.

Stadtarchiv Gelsenkirchen: Ge/0 3377. Brief der Abteilung VII D2 an die Beigeordneten vom 13.10.1934.

Stadt Gelsenkirchen: „Klare Linien und runde Ecken. Das

Hans-Sachs-Haus". Gelsenkirchen 2016. URL: https://www.gelsenkirchen.de/de/Rathaus/Politik_und_Verwaltung/Hans-Sachs-Haus/_doc/Klare_Linien_und_runde_Ecken_Das_Hans-Sachs-Haus.pdf. Abgerufen am 04.06.2018.

Stadt Gelsenkirchen: „Spiel- und Bolzplätze, Skateranlagen, Bauspielplätze". URL: https://www.gelsenkirchen.de/de/freizeit/fit_und_aktiv/spiel-_und_bolzplaetze__skateranlagen__bauspielplaetze/index.aspx. Abgerufen am 25.03.2018.

Stadt Gelsenkirchen: „Zimmer, Erwin W. – Welttheater". URL: https://www.gelsenkirchen.de/de/Kultur/bildende_kunst__literatur__tanz/kunst_im_oeffentlichen_raum/karte/poi/2402-zimmer-erwin-w-welttheater. Abgerufen am 26.04.2018.

Stadtzeitung Gelsenkirchen: Sonderausgabe zum neuen Hans-Sachs-Haus. August 2013. URL: https://www.gelsenkirchen.de/de/Rathaus/Politik_und_Verwaltung/Hans-Sachs-Haus/_doc/Stadtzeitung_GELSENKIRCHEN_-_Sonderausgabe_Hans-Sachs-Haus.pdf. Abgerufen am 04.06.2018.

Städte- und Gemeindebund Nordrhein-Westfalen: „Bestattungsgesetz NRW". URL: https://www.kommunen-in-nrw.de/en/mitgliederbereich/bulletins/detailansicht/dokument/bestattungsgesetz-nrw-4.html?cHash=1e8227db6f2632d94911d8155d0a2f7d. Abgerufen am 15.04.2018.

Stender, Jörn: „Die Mutter aller Rettungskapseln". URL: https://www.waz.de/staedte/gelsenkirchen/die-mutter-aller-rettungskapseln-id3824830.html. Abgerufen am 23.05.2018.

Stolperstein Gelsenkirchen: Gemeinsam gegen das Vergessen. URL: http://www.stolpersteine-gelsenkirchen.de/stolpersteine_ehepaar_sauer.htm. Abgerufen am 03.04.2018.

Stutzer, Otto: Die wichtigsten Lagerstätten der „Nicht-Erze". Band 2, Berlin 1914, S. 33 f.

Theegarten, Dirk: Das Grubenpferd im rheinisch-westfälischen Bergrevier – ein historischer Rückblick. URL: http://www.ruhr-uni-bochum.de/vpprs/deutsch/Theegarten_Grubenpferd.pdf. Abgerufen am 01.05.2018, 15.05.2018.

The William Davidson Talmud. URL: https://www.sefaria.org/Berakhot.18b.5?lang=bi. Abgerufen am 02.05.2018.

Trauer.de: „Die Ruhezeiten für Gräber". URL: https://friedhoefe.trauer.de/ratgeber/rechte-und-regeln-auf-dem-friedhof/die-ruhezeiten-fuer-graeber. Abgerufen am 15.04.2018.

Volkmann, Fenja: „Geschichte der Grubenpferde. Kumpel mit Hufen: Als Pferde unter Tage halfen". URL: https://www.ruhrnachrichten.de/Nachrichten/Kumpel-mit-Hufen-Als-Pferde-unter-Tage-halfen-186093.html#Das%20Ende%20der%20Grubenpferde. Abgerufen am 15.05.2018.

Wdr.de: „23. Juni 1966 - Letzte Schicht eines deutschen Grubenpferdes". URL: https://www1.wdr.de/stichtag/stichtag5160.html. Abgerufen am 15.05.2018.

Westdeutsche Allgemeine Zeitung (WAZ) von Juni 1992: „Tepe ist türkisch und bedeutet einfach Hügel".

Westdeutsche Allgemeine Zeitung (WAZ) vom 7. August 1999: „Ein allerletztes Geschenk des alten Bergbaus".

Westdeutsche Allgemeine Zeitung (WAZ) vom 22. Januar 2011: „Spuren im Ruhrgebiet".

Westdeutsche Allgemeine Zeitung (WAZ): „Willy Brandt weihte Berliner Brücke in Gelsenkirchen ein". URL: https://www.waz.de/staedte/gelsenkirchen/willy-brandt-weihte-berliner-bruecke-in-gelsenkirchen-ein-id10436666.html. Abgerufen am 21.03.2018.

Westdeutsche Allgemeine Zeitung (WAZ): „Zwei Kirchen unter einem Dach". URL: https://www.waz.de/staedte/gelsenkirchen-buer/zwei-kirchen-unter-einem-dach-id2090000.html. Abgerufen am 27.04.2018.

Wikiart. Enzyklopädie der bildenden Künste: „Piet Mondrian". URL: https://www.wikiart.org/de/piet-mondrian. Abgerufen am 19.04.2018.
William Henderson: „William Thomas Mulvany. Ein irischer Unternehmer im Ruhrgebiet 1806-1885". In: Kölner Vorträge zur Sozial- und Wirtschaftsgeschichte. Heft 12. Köln 1970. S. 3-20.

Zedlitz-Neukirch, Leopold von: Neues preussisches Adels-Lexicon oder genealogische und diplomatische Nachrichten [...]. 3. Band, Leipzig 1837, S. 455 ff.

Zeit online: WM-Spieler. URL: http://www.zeit.de/2010/24/Deutschlandkarte-WM-Spieler. Abgerufen am 25.03.2018.

Zeitungsarchiv, Stadtarchiv Gelsenkirchen: Gelsenkirchener Morgenpost vom 2. August 1951: „Bulmker Park noch immer Schmerzenskind".

Zeitungsarchiv, Stadtarchiv Gelsenkirchen: Ruhr Nachrichten vom 28. Mai 1998: „Muslimischer Friedhof in Hassel eingeweiht".

Zeitungsarchiv, Stadtarchiv Gelsenkirchen: Westdeutsche Allgemeine Zeitung (WAZ) vom 28. Mai 1998: „Muslime freuen sich über eigenen Friedhof in Hassel".

Zeitungsarchiv, Stadtarchiv Gelsenkirchen: Westdeutsches Volks-Echo vom 16. Juli 1946: „Wieder einmal Razzia Bulmker Park".

Zeitungsarchiv, Stadtarchiv Gelsenkirchen: Westfälische Rundschau vom 29. Mai 1946: „Der Jahrmarkt ohne Karussell".

Zeitungsarchiv, Stadtarchiv Gelsenkirchen: Westfälische Rundschau vom 17. August 1946: „Die letzte Stunde im Bulmker Park".

Zeitungsarchiv, Stadtarchiv Gelsenkirchen: Westfälische Rundschau vom 11. November 1958: „Schüsse fielen auf 3 Schachthauer / Tatmotiv immer noch völlig unklar".

Zeitungsarchiv, Stadtarchiv Gelsenkirchen: Westfälische Rundschau vom 6. April 1946: „Sonderkommando Schwarzer Markt".

Bildnachweis

S. 54: Stadt Gelsenkirchen, Martin Möller

1 Schalke-Fenster
2 Zwölf Kalksteinblöcke
3 Emaille-Platten
4 Judas
5 Strich
6 Inschrift
7 Teich
8 Hauswand
9 Ziegel
10 Ersatzkirche
11 Dahlbusch-Denkmal
12 Kuppel
13 Gruft
14 Farbleitsystem
15 Schaufenster
16 Mauerbogen
17 Roter Boden
18 Grünfläche
19 Protegohaube
20 Noten
21 Friedhofsschild
22 Mauervorsprung
23 Erdbrüggenstraße
24 Schild
25 Grabstein
26 Haus Leithe
27 Himmelstreppe
28 Zahnrad
29 Schloss Berge
30 Figuren
31 Turmuhr
32 Bunker
33 Grillo-Denkmal
34 Maschinenhaus
35 Spottfigur
36 Berliner Brücke
37 Turmkreuz
38 Grundstein
39 Grubenpferd
40 Stahlverkleidung
41 Silo
42 Stadtwappen
43 Waschbecken
44 Straßenschild
45 Anbau
46 Thingplatz
47 Parkstreifen
48 Pendelstütze
49 Bolzplatz
50 Grabsteine

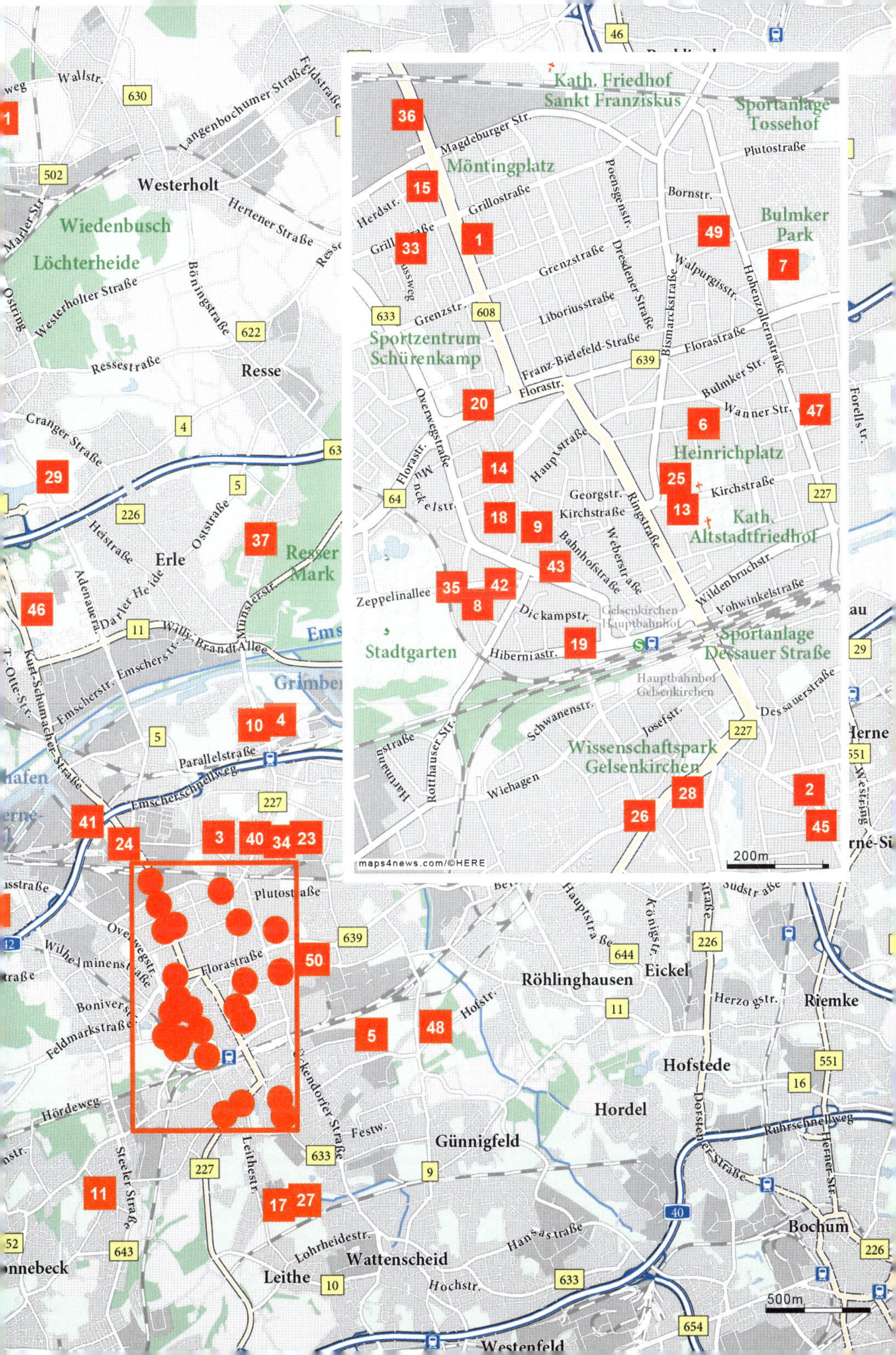

Kath. Friedhof Sankt Franziskus
Sportanlage Tossehof
Magdeburger Str.
Möntingplatz
Plutostraße
Poensgenstr.
Bornstr.
Bulmker Park
Herdstr.
Grillostraße
Grenzstraße
Dresdener Straße
Walpurgisstr.
Hohenzollernstraße
Grenzstr.
Liboriusstraße
Bismarckstraße
Florastraße
Sportzentrum Schürenkamp
Franz-Bielefeld-Straße
Bulmker Str.
Florastr.
Wanner Str.
Overwegstraße
Heinrichplatz
Hauptstraße
Kirchstraße
Georgstr.
Ringstraße
Munckelstr.
Kath. Altstadtfriedhof
Bahnhofstraße
Weberstraße
Wildenbruchstr.
Zeppelinallee
Vohwinkelstraße
Dickampstr.
Gelsenkirchen Hauptbahnhof
Sportanlage Dessauer Straße
Stadtgarten
Hiberniastr.
Hauptbahnhof Gelsenkirchen
Dessauerstraße
Schwanenstr.
Josefstr.
Wissenschaftspark Gelsenkirchen
Rotthauser Str.
Wiehagen
maps4news.com/©HERE
200m
Wallstr.
Langenbochumer Straße
Feldstraße
Westerholt
Hertener Straße
Wiedenbusch
Löchterheide
Westerholter Straße
Böningstraße
Resse
Ressestraße
Cranger Straße
Heistraße
Oststraße
Erle
Resser Mark
Adenauerallee
Darler Heide
Münsterstr.
Willy-Brandt-Allee
Emscherstr.
Kurt-Schumacher-Straße
Parallelstraße
Emscherschnellweg
Plutostraße
Overwegstraße
Wilhelminenstraße
Florastraße
Boniverstraße
Feldmarkstraße
Hördeweg
Steeler Straße
Leithestr.
Festw.
Günnigfeld
Hauptstraße
Königstr.
Röhlinghausen
Eickel
Herzogstr.
Riemke
Hofstr.
Hofstede
Hordel
Dorstener Straße
Ruhrschnellweg
Herner Str.
Bochum
Hansastraße
Lohrheidestr.
Wattenscheid
Leithe
Hochstr.
Westenfeld
500m
1 2 3 4 5 6 7 8 9 10 11 13 14 15 17 18 19 20 23 24 25 26 27 28 29 33 34 35 36 37 40 41 42 43 45 46 47 48 49 50

SIE WOLLEN NOCH MEHR ÜBER

Gelsenkirchen

WISSEN?

Hier gibt es sachkundige Informationen:

Bleckkirche
Die Bleckkirche ist die älteste erhaltene evangelische Kirche der Stadt.
Bleckstraße 56
45889 Gelsenkirchen
Telefon: 0209 / 595984
E-Mail: mail@bleckkirche.info
Homepage: www.bleckkirche.info
Öffnungszeiten: Ostersonntag/Montag, Pfingstsonntag/Montag und am 2. Sonntag im September 12-18 Uhr.
Führungen am Pfingstmontag und am 2. Sonntag im September 15 Uhr.
Eintritt jeweils frei.

Dokumentationsstätte "Gelsenkirchen im Nationalsozialismus"
Cranger Str. 323
45891 Gelsenkirchen
Telefon: 0209 / 1698557
Fax: 0209 / 1698553
E-Mail: isg@gelsenkirchen.de
Homepage: www.gelsenkirchen.de/de/Kultur/Museen_und_Dauerausstellungen/Dokumentationsstaette_Gelsenkirchen_im_Nationalsozialismus/index.aspx

Förderverein Schloß Horst e.V.
Turfstraße 21
45899 Gelsenkirchen
Telefon: 0209 / 516622
E-Mail: foerderv@gelsennet.de
Homepage: www.schloss-horst.de

Stephan Haas
Vorsitzender der hauptberuflichen Gästeführer im Ruhrgebiet.
Abwechslungsreiches und unterhaltsames Angebot an Stadtführungen, Rallyes und Rundfahrten aller Art in Bochum und im Ruhrgebiet, sowie Inszenierungen wie Krimitouren, Ruhrgebietsquiz und ruhrdeutsche Comedytouren als Hotte Schibulski.
Rückertstr. 12
45468 Mülheim an der Ruhr
Telefon: 0208 / 8470349
E-Mail: info@tourserviceruhr.de
Homepages: www.tourserviceruhr.de
www.krimitouren-ruhrgebiet.de
www.ruhrgebietsquiz.de

Initiativkreis Bergwerk Consol e.V.
Tage der offenen Tür auf Consol mit Vorführung der Dampfmaschine
Maschinenhaus Süd von Consol Schacht 9.
Kulturgebiet Consol in GE-Bismarck
Telefon: 0160 / 90494607
E-Mail: vorstand@ib-consolidation.de
Homepage: www.ib-consolidation.de
Öffnungszeiten: An jedem ersten Sonntag im Monat 13-18 Uhr

Institut für Stadtgeschichte
Munscheidstr. 14 (Wissenschaftspark)
45886 Gelsenkirchen
Telefon: 0209 / 1698551
Fax: 0209 / 1698553
E-Mail: isg@gelsenkirchen.de
Homepage: www.gelsenkirchen.de/de/Bildung/Ausserschulische_Bildung/Institut_fuer_Stadtgeschichte/index.aspx

Katholische Gemeinde St. Michael Gelsenkirchen-Hassel
St.-Michael-Straße 4
45896 Gelsenkirchen
Telefon: 0209 / 64926
Fax: 0209 / 67074
E-Mail: st.michael@urbanus-buer.de
Homepage: www.urbanus.cingulum.de
Öffnungszeiten: So. 17-19 Uhr

Oliver Kruschinski
Kenner der Schalker Industrie- und Fußballgeschichte, führt im Rahmen seiner „Mythos-Touren“ seit über 15 Jahren regelmäßig Besucher-guppen durch Schalke und Gelsenkirchen.
Telefon: 0173 / 8362109
E-Mail: oli4@mythos1904.de
Homepage: www.mythos1904.de
Homepage: www.nrw-tourismus.de/oli4#mitkopfherzundhand

Dirk Slawetzki
Dirk Slawetzki bietet zusammen mit Sven Hilling Programme für Menschen an, die Interesse am Ruhrgebiet haben. Die Themen sind u.a. Industrie- und Sozialgeschichte, Strukturwandel, Architektur, Fussball (Schalke04) und vieles mehr.
Feldahornstrasse 66
45881 Gelsenkirchen
Telefon: 0163 / 3871973
E-Mail: info@visit.ruhr
Homepage: www.vist.ruhr

Stadt- und Touristinfo Gelsenkirchen
Ansprechpartner für Stadtrundfahrten und Führungen durch die stadtgeschichtliche Ausstellung „Wandel ist immer“.
Ebertstr. 11
45875 Gelsenkirchen
Telefon: 0209 / 169-3968 oder -3969
Fax: 0209 / 1692466
Homepage: www.gelsenkirchen.de/de/Freizeit/Stadtrundfahrten_und_Fuehrungen/index.aspx

“Wandel ist immer… Gelsenkirchener Stadtgeschichte(n) auf drei Etagen”
Stadtgeschichtliche Dauerausstellung im Hans-Sachs-Haus
Ebertstr. 11
45875 Gelsenkirchen
Homepage: www.gelsenkirchen.de/de/Kultur/Museen_und_Dauerausstellungen/Stadtgeschichtliche_Ausstellung_Hans-Sachs-Haus

Publikationen:

Alshut, Elmar; Peine, H.-W.: Schloss Horst in Gelsenkirchen. Regensburg 2006.

Bork, Benjamin: Evangelische Bleckkirche Gelsenkirchen, Regensburg 2010.

Förderverein der Kirche St. Michael Gelsenkirchen-Hassel (Hrsg.): 100 Jahre Michaelkirche Gelsenkirchen-Büro-Hassel. Gelsenkirchen 2017.

Ders.; Kneppe, Cornelia: Westfälischer Städteatlas. Lieferung X, Nr. 3: Gelsenkirchen. Altenbeken 2008.

Ders.; Escher, Gerd (Hrsg.): Buer – Geschichte(n) einer Stadt. Ein starkes Stück Gelsenkirchen. In: Schriftenreihe des Instituts für Stadtgeschichte. Band 16. Essen 2014.

Hering, Hartmut; Klaus, Michael (Hrsg.): Und das ist unsere Geschichte: Gelsenkirchener Lesebuch, Oberhausen 1991.

Hering, Hartmut; Klaus, Michael (Hrsg.): Eine Geschichte des modernen Gelsenkirchen in 25 Objekten. In: Schriftenreihe des Instituts für Stadtgeschichte. Beiträge. Band 16. Essen 2016.

Hering, Hartmut; Klaus Michael (Hrsg.): Stadt auf Kohle - Ein Lesebuch zur Geschichte der Zechen in Gelsenkirchen. In: Schriftenreihe des Instituts für Stadtgeschichte. Band 17. Essen 2013.

Initiativkreis Bergwerk Consol e.V. (Hrsg.): Chronik der Zeche Consol. Zeche Consolidation 1848 – 1998. Gelsenkirchen 2013.

Mosel, Sabine; Rauch, M.: Glauben und Lieben mal sieben. Gelsenkirchen 2017.

Schmidt, Daniel (Hrsg.): Gelsenkirchen im Nationalsozialismus. Katalog zur Dauerausstellung. In: Schriftenreihe des Instituts für Stadtgeschichte. Materialien. Band 12. Essen 2017.

Wehling, Hans-Werner: Gelsenkirchen: Stadtentwicklung, Strukturwandel und Zukunftsperspektiven. In: Städte und Gemeinden in Westfalen, Band 14. Münster 2014.

Haftungsausschluss

DIE

Geheimnisse der Heimat

GIBT ES JETZT NEU IN ...

Weimar	Saarbrücken
Ingolstadt	Bamberg (Band 2)
Erfurt	Würzburg (Band 2)
Gelsenkirchen	Düsseldorf
Bochum	Nürnberg
Leipzig	Velbert

Seit 2011 haben wir 53 „Geheimnisse"-Titel produziert.
Alle Städte finden Sie unter www.bast-medien.de

im Buchhandel oder unter: www.bast-medien.de

DIE REIHE

Was die Stadt prägte

(EHEMALS „KALENDERBLÄTTER") GIBT ES IN ...

Bamberg	München
Konstanz	Würzburg

52 große und kleine Begegnungen mit der Stadtgeschichte, passend zu den Kalenderwochen

weitere Geheimnisse und neue Buchreihen sind in Produktion

DIE

Geheimnisse

GIBT ES AUCH ÜBER ...

Erfindungen	Redewendungen

50 spannende Geschichten zu überregionalen Themen